金塊文化

金塊文化

兩滴刺青

母親與我

數十年過去了，
我來自流氓的故鄉，
我有一個管教我就像流氓大哥管小弟的母親，
我是流氓律師，
當年背上的兩滴刺青，
終於讓我明白，
嚴格，有時候也是一種慈悲。
兩滴淚，落背，穿心，
也永遠烙印在我的人生。

陳金漢◎著

謹以本書獻給
所有爲子女流過淚的母親！

推薦序

陳金鉌（雲林縣台西國小校長）

任憑時光的流逝，時間的河，永遠沖不去我們的手足情深。

過去的歲月裡，為了生活、學業或事業，兄弟間總因彼此的忙碌而聚少離多。但是，我們卻能在短暫的聊談中談心也「讀心」，瞭解相互間還有的一些沈默，儘管不必表白，也能相知相惜，足堪慰也！

每次看了二弟寫給我的信，總覺得文思細膩縝密，言辭犀利而不失感性，且言之有物，心想這該是「法律人」筆觸的特徵吧！

近日裡讀了二弟描述生活中一路走來的著述，是真性情的流露，句句扣人心弦，令人回味再三，向來知道他駕馭文字的功力熟稔，但不知竟好到這種程度。

心想，這種感動，或許是被文中的真實情節吸引，也許是其中有著我們攜手踏過的足跡，有著生命的共同點，也或許是文筆的功力，……唉，總之，太感動了！若能瞭解個中情境者，必然直呼為上選之作。

和二弟足足相差十七歲，記得他出生的那一天，正是中秋月圓桂花飄香時節，添了壯丁，我們全家人都好高興的迎接慶賀著。畢竟，自從曾祖父以降，我們已有兩代單傳，阿公更因為人單勢薄，而為了一場禽畜覓食作物的爭執，受到「親堂」七個兄弟的欺凌而重傷亡故，傷痛，至今難平。

兩代單傳，都過了幾十年，直至父叔輩陸續出生，雖添了人口，卻一樣的窮，還是一直掙脫不了貧困。因此，我們一直寄望著俗謂的「添丁進財」，能過著不愁吃、不愁穿的日子。如今，卻在家徒四壁下添了丁，抑足堪告慰父祖的期盼。

記得是在茅頂、土牆老宅的簷下，四叔忙著為剛出生的姪子取名。

在一旁，我覺得這個名字好響亮，乍聽之下「平平仄」，直覺順口有力而不繞舌，不像我和大弟的「陰平」徐緩，打從心裡好喜歡，好喜歡。

然而，世事難料，二弟一生下來就經常生病，尤其是痢疾脫水、高燒不退始終折磨著他，大家直以為可能「養不活」。所以，取了個響亮的名字並沒有「報戶口」，為的是以防萬一不幸，可省掉銷戶的麻煩，這就是當時鄉下農漁村窮苦人家的悲歌，不只我們如此，舉凡類似遭遇的好多人家，也都是一樣的無奈。

在醫學並不發達的年代，加上貧困的環境下，二弟的病每下愈況，真苦了孩子苦了親人，經醫囑告知，已至瀕臨放棄救治的當頭。要不是在虎尾溪畔「恐怖角」那一聲孱弱無力的呼喊，要不是母親心肝悸痛的那一個回頭，要不是……唉，生死一線，也許是奄奄一息的無力哭喊，也許是親情無法割捨的堅持，也許是注定日後寡母稚子的相依，更也許是命運之神的垂愛召喚吧？二弟竟因為村內林老先生開的一帖藥方，以兩毛錢抓來的草藥，煎煮灌服後，經兩晝夜的昏睡，奇蹟似的度過了生死關。

那一刻，牽動弱如游絲的一線生機，全繫在母親無以割捨的堅持。無論生與死，母愛都偉大。

如果沒有如果，只有委諸命運；也許沒有也許，只得付之運命。否則，任憑姓名取得何等響亮，終歸是黃土一坯。

父親不得其年早逝，注定了寡母與我們兄弟相依的一生。

當時，二弟才七歲，無以理解人生的悲與苦，然懵懂的年紀，卻得遭遇生活的苦痛糾纏，在無法與人匹比的冷暖中成長，或許竟因此培養出其堅韌好勝的特質，每在困境中惟恐失去任何一絲希望，更會學著在生活週遭創造一些契機。記得他在國小六年級時，參加學校運動會的趣味障礙賽，最後一關的指令是「請拉著一個人一齊跑到終點」，當同學們猶在慌亂遲疑中，他居然能機智的拉起老校長陪他跑完這一程，而獲得了冠軍。這突如其來的舉動，出乎全校師生的意料，引起了熱烈叫好的掌聲。

升國中，家裡費盡了苦心，送他到縣內最好的私立中學就讀，給予優質的學習環境，希望從此奠定他求學更精準的方向，將來考上理想的大學。當然，因為功課好，加上思緒靈活的本性，使他在中學時代創下了幾項紀錄，他不但參加了美術社團又是田徑隊員，經常在藝能競賽中獲得佳績，殊不知都離校二十幾年了，那標槍及游泳冠軍紀錄的保持者竟還是他呢！

曾因為大學沒考好，然同時考上了警官學校（現在的警大），經母親的苦勸及親朋的鼓勵下而到警大報到，卻只念了三天，就自願辦退，又創下了他年輕時代的另一項紀錄，使許多想當警官的朋友為之欽羨和惋惜不已。

長兄如父，卻只是長兄。

當下二弟的「兩難」，念警大或東吳的選擇，我並沒有任何意見。因為，那個年代的大學和警官都一樣的難考，即使不免些許失望，我心中仍好高興二弟考上了東吳大學法律系，尤其是選上了他興趣的科系，我倒覺得二弟離開警大而就讀東吳，是他順理成章的選擇。殊不知或許是理念上的差距，他竟因為存在著「心有所屬」的第三個方向，而造成了選擇上的困境，更由於彼此的尊重，致使他雖心想改變而卻未曾表達，造成了另一個遺憾，這是我們一家人所始料未及。

如今，換個角度著眼，人生不如意在所難免，退而求其次的哲理曾補綴了人生多少的缺憾。若體認欠缺也是一種美，它全在於想法與態度的調適及改變，在於得失之間如何取得一個平衡點，這個點就是智慧的抉擇了。

因此，縱有一時的迷失，卻能因我們有另一番的務實作為而滿足，這就是平凡愉悅的人生，它更是一種圓滿，其然乎？此其然也！

二弟在我《路寬、心寬——回首來時路》一書的序中，這樣的寫道：「……，請問大哥，這一生您和媽媽一路從艱困的歲月中走來，如果還有來生，您還願意當我們的大哥嗎？」這一段假設性的話，道出了我們一家人一路走來的坎坷，生活的艱難，許多讀者聞之動容心酸。

瞻前顧後，多少年來，我們歷經千辛萬苦，相攜共度，充分的呈現了彼此的堅持與相依的生命力。如今，樹大雖分枝，枝開雖散葉，然兄弟本是同根生，心脈永相連，如果真有來生，願我們還是一家人。

失怙，不一樣的悲，卻一樣的痛。畢竟，我們相差了十七歲。阿爸辭世，委諸命運，來不及看著孩子們的成長，誰能體會其椎心泣血的無奈。

父愛雖短暫，親情卻是永恆，因為寡母的堅持不棄，補了一個缺口的圓；而兄弟間有幸的相依，一鋤一鐽雖平凡，相攜共度永留痕。

人生，萬般皆是緣，只談緣起，不說緣滅，就是一家人。

於二〇一〇年母親節

推薦語

看著金漢同學的大作《兩滴刺青——母親與我》，眼淚也常不經意的流下，本以為金漢同學在不為人知的身體背後真的刺著刺青，沒想到這「兩滴」刺青卻是比真正的刺青更讓人刻骨銘心。

人生不過就是「生老病死，悲歡離合」，看淡了，或許件件都是再普通再平常不過的事情，不過，任何一個人若未曾經歷這些事情的淬煉，想必無法充分理解及體會人生的真諦。

金漢同學透過自己從小至今的親身經歷，文筆洗鍊，刻劃感情入微，令人不由動容，對照當今物質無虞的社會，一切似乎都太理所當然，本書乃是為人父母及子女一定要閱讀的好書，爰推薦給大家。

——陳健順（法官、庭長）

金漢是我初中及高中的優秀同學，金漢的文章清晰地描述了成長經歷，真實地記錄著最清苦的務農人家所面臨的重重困境，金漢母親堅忍地帶著子女度過了人世間的冷暖及老天爺重重的考驗。

我印象中的金漢，在初中、高中是比較外向，老師緣及同學緣很好的人，樂觀進取，體育及演講都十分優秀。我在學校自初中就是美術比賽的常勝軍，如果我沒記錯的話，金漢在高二的寫生比賽中得了第一名，我特別去看了他的作品，發現金漢比我還有天份，實在很訝異。

雖然在正心升學壓力很重，考試也多，但是我更羨慕的是同期同學中多才多藝的一面，金漢是其中之一。我很高興，金漢與我們分享他令人動容的成長過程，也因金漢母親堅強的毅力，讓金漢日後成為社會的菁英。

金漢的母親在困苦拮据的環境下，犧牲奉獻自己的青春歲月成就子女，堪稱台灣母親精神的代表。在現代物質充沛，精神心靈卻空虛的年代，金漢所奉獻的文章足以作為大家的勉勵。

——蔡文精（會計師）

在沒有健保的年代，看病是有錢人的權利，這本書該當成為楊志良署長宣揚健保不能倒的教科書。

我與金漢是虎尾溪中下游長大的國高中同學，許多感人情節我也是在看過這本書精彩內容後才知道，那生罹怪病、幼時失怙的類似境遇，真是扣人心弦。

王寶釧苦守寒窯十八年，金漢的母親是一位身兼慈母與嚴父的偉大女性，守了不只十八年，她守著寂寞，也守著責任。雙肩承載的不只是物質生活，更是世間最甜蜜的負荷。

我看慣生死，我診療他人疾患，但是，我不了解生命：它是多麼複雜而不可攀，它奢侈得不能讓任何人來拯救。我不想高談人生意義這類話題，外面的世界是否精彩，親眼看一看就會明白的，對於沒親眼看過的人是沒有辦法說明的。但當你讀過金漢與他母親的人生，你會重新體認「生活」的意義。

最後，金漢，下次一定請你吃紅蘿蔔燉飯。

——翁炳坤（醫師）

喜好美術，會念點書，除此之外，我始終覺得這個弟弟笨拙有餘，殊不知他尚有如此驚人的筆工。生活中看似平淡平凡的小事，竟能刻劃得如此細膩入微，流暢感人。

不論真勇敢或假堅強，父逝後，就期許自己的人生不再有淚，竟能用筆讓一個五十歲的老男人涕淚縱橫，我呵護你四十年，你卻用這麼多的淚回報，老弟，算你行！

其實，小時候村裡和我們一樣窮苦的人家，比比皆是，能把母親堅毅固執、隱忍刻苦又倔強的人格特質，描繪得如此貼切真實且淋漓盡致，最是難能可貴。

「不堪回首故園中」，不堪回首，就不必再回首。這是我一向的生活準則，但為父為母，我願以這本書讓孩子看看我們走過的路，也是那年代許多台灣人曾經走過的路。

最後，希望這本書能獲得熱烈迴響，也希望老弟把全部利潤悉數捐給慈善機構，在那裡，有很多孩子和我們當年一樣，需要一點溫暖的相伴。

——陳金龍（代書）

陳律師以誠摯流暢的筆觸，將過往與媽媽相處互動的情形、日常細微小節及人生重大轉折娓娓道來，表面上是一篇篇生活小故事，卻蘊含著最簡單的幸福與人生的真善美，讓人在平凡中看到一位為貧窮所困的寡母如何無私刻苦地為家庭及子女奉獻她的一生，也讓人看到陳律師的大哥如何雍容大度地肩負長兄如父的重擔，堅毅地帶領一家人面對一切的淬煉，更讓人感受到身處貧困的一家人如何互相扶持、互相包容地一起度過一次次的難關與逆境。

過往貧困無助的生活，現在已不需要任何惋惜，反而一家人在過往困境中胼手胝足地相守才是甜蜜而令人稱羨的，尤其是陳律師的媽媽與大哥操勞大半生，為一個家無私地犧牲與奉獻，更令人格外動容，「偉大」這個詞，似乎還有點渺小而不足以詮釋。

——王志哲（律師）

自序

母親，是上帝送給每個人最珍貴的禮物，或不完美，卻無可取代。

幼時的歲月裡，某些事，縱使細微如塵，卻在記憶中，散發著某種奇特的怪味，有刺鼻的腥羶，也有淡淡的焦味，不斷的沈澱和累積，最後逐漸地熔鑄成堅硬的遺憾，在人生中不斷根深蒂固地擴散和彌漫著。

失怙，是痛，一種連一個微笑都不太不記憶的痛，一種直到懂事後才領略和纏繞的至痛，然而，痛的不是失去，而是痛在虛無中的摸索與渴望，但，任憑渴望再渴望，父親不曾走入夢裡來，父愛只能在冰冷的想像中模擬，很多時候對我而言，父親，只不過是個有著血緣關係的陌生人，一個渴望深擁的陌生人。

「父親早走，是因為上帝的天堂裡急缺一個最勤勉的長工。」我常用這樣的想法，試著平衡自我的心理。

母親，是個典型的勞農寡婦，夫喪，注定了悲憫的一生。一畝薄田，一堆債務，六個幼子，一張泛黃的老照片，和一個永遠的傷痛，這是父逝後留給母親的一切。

窮苦，是幼年時代的另一個悲，窮到餐桌上經常只有一塊豆腐乳和幾隻飛繞爭食的蒼蠅；窮到從雜貨店只能賒回一個白眼，和一個殘破的自尊；窮到要靠幫同學寫作業或作弊，來換取半截的鉛筆和橡皮擦；窮到二姊變成紡織廠十四歲的小女工，大姊變成五十六歲的小學生；也窮到讓母親始終對兩個姊姊懷著一生的虧欠。

然，窮苦對我而言，也非一無是處，至少這個家窮到讓我們兄弟沒有成為敗家子的機會。

年幼失怙和窮苦，曾讓我很長的一段時間，都生活在自怨自艾中，常把自卑當謙卑，自大當自信，好勝當進取，價值觀完全扭曲和錯亂，沒能力又好表現，而說穿了，都只是為了掩飾心中那份殘存的自尊。然，努力的藏拙卻更見拙，失落時，又只能有不停的恨和怨，怨父、怨母、怨家、怨命、也怨天、更怨貧窮。

母親顯然不同，信仰甚篤，認份又認命，為一頓起碼的溫飽，也為圓一個家，只是不停歇地在那幾分薄田中勞作，賣牛葬夫後，繼續甘之如飴地做我們家的另一頭牛，連同父親該盡的那一份，概括地承受，在艱辛的歲月裡學會認命，在認命中學會融合逆境的人生。

其實，自己是兄弟姊妹六人中最受寵命優渥的，國小畢業，母親和大哥即傾盡一切，送我進縣內最優質的私校——正心中學，當我享受著「假貴族」的虛榮時，母親卻還是田埂中的一頭牛，二姊也依然是紡織廠的小女工，而後，一路的順遂和坦途，卻也一路的忤逆和自私，曾自詡為努力奮進的小巨人，而今回首，那個努力奮進的小巨人，也只不過是一個踩在兄弟姊妹和母親背上墊高的侏儒，即使所有人都為我甘貽無悔，我還是如此地認為。

數十年過去了，執業十九年來，始終埋首在事業的銅臭裡翻滾和爭辯，只在過年、生日或母親節，給母親一個大紅包，討老人家歡心，以為這就是盡孝，也認為至少是未能常伴母側的補償。直到三年前，母親囑大哥匯給我六十萬元，當成是已為我完婚的聘金，才驚覺，自己總在母親不需要的時候才慷慨，也總在錯誤的時候才做正確的事，錯過的，已經太多，對母親，錯過的不只是奉養，就連一個微笑和一句安慰，也都曾錯過。

單親，是痛；窮困，是苦。但和普天下的母親一樣，再苦，也不能苦孩子，母親毅然一肩挑起所有的苦與痛，讓孩子們不在淒風苦雨中淹沒和沈淪。也許，每個人的生活中都不免風和雨，然，些許的風雨，終將轉化成滋長生命的養分，豐富人生。

人一世，宛如花一季、草一春，當我從悔恨中領悟時，母親的人生已近殘燭的盡頭，孱弱到連撐把傘都顯費力，無力再為子女遮陽擋雨。平日最善於照顧人的母親，已來到了最需人照顧的時候了，我想，錯過這一段路，也將錯過母親人生的末班車，未來，終將纏繞在悔恨中偷生。

對母親，你曾錯過什麼？

父逝，是生命裡一個偶然的不幸，而母親，卻是生命中的一個幸運，走過的歲月，有苦、有痛、也有淚；有辛酸，也有幸福。以前，我在幸福中怨懟著一切辛酸和苦難，而今，我們和母親都知足在一份心酸的幸福裡。

每個人都有一本難念難懂的經，也許，很多人和我們家一樣，也許更困厄，然，好壞都相擁，就是一個家，一個無憾的人生。

謹以此書，獻給我永遠的情人——母親。

於二〇一〇年母親節

C·O·N·T·E·N·T·S 目錄

C·O·N·T·E·N·T·S

1. 愧疚

不聽話的淚水把母親蒼白的病容映得模糊，深怕母親發覺，趕緊側臉滑開她的視線，但從她眼角滑落的淚水，我深明，縱使閉上雙眼，她都可以把我讀得清清楚楚。

時間的河，總在年少催趕時徐緩而行，中年奮鬥時疾疾而行，老邁殘燭時箭穿而行，臨盡頭前，才讓人驚覺到它是如此湍急，快速得令人抓不住，偶爾抓得，卻已到了盡頭，回首，已錯過太多太多了。

記憶中，三十年來，母親總共經歷過四次住院開刀手術，二〇〇九年八月八日（八八水災那一日），母親又住進大林慈濟醫院，進行人工膝關節更換手術。以台灣醫療水平，人工膝關節手術已不算大手術，但，這一次令我感到不安，畢竟，母親已高齡八十三歲，即使是個小感冒、小跌跤，都可能是死神的挑釁，更遑論是開刀手術。

一開完庭，立刻驅車南下，沿路風強雨驟，心急路遠，到達醫院時已是向晚黃昏。

離家卅二年，尤其是近二十年來，為了跳脫兒時窮困的記憶，忙忙碌碌，汲汲營營，不斷努力的賺錢，彷彿只有財富才能架構自己完整的人生。

當一推開病房門，看見母親腫黑的腳、綣縮的身軀、如紙蒼白的臉，以及那幾乎睜不開眼的病容，才恍悟，自己已在世俗財富追逐中掛漏了人生最該珍惜的，遺失了早該拾取的，悄悄地，歲月已在不察間，催索著這幾十年來自己在母親身上所積欠的一切，而某些人生的價值觀，也已在自己的盲目中嚴重的扭曲，錯過的，已經太多了。

緊握著母親癱軟的手，貼耳輕喚，一聲一聲地，只見母親眼微睜，略顯凹陷的唇頰蠕顫，欲言乏力，俟嫂嫂為她裝上假牙，才吃力的擠出一句：「吃飽沒？」多麼令人割心不捨的一幕。幾十年來，每次見面都是相同的第一句話，始終停留在那衣無暖、食無飽的年代，把我們當成三歲小孩，深怕孩子們挨餓受凍。

而此時，不聽話的淚水已把母親蒼白的病容映得模糊，深怕母親發覺，趕緊側臉滑開她的視線，但從她眼角滑落的淚水，我深明，縱使閉上雙眼，她都可以把我讀得清清楚楚。

淚無語，語無聲。如果可以，多麼希望自己能夠替代她所有的苦和所有的痛。

臨回台北前，母親精神稍稍好轉，緊握我的手說道：「颱風天，哥哥嫂嫂們都在，不是叫你不用下來。」但從牢抓不放的手，我感受到母親的寬慰，也看穿母親的口是心非，畢竟，母子連心。

回程路上，車窗掠影，自忖思索著，母親守寡單親四十年，一路從艱辛的歲月中走來，為六個孩子，為撐起一個家，付出了青春，付出了健康……，除了靈肉，付出了女人一生所能付出的一切，而我，又曾為母親做了些什麼？

一路上努力地回想，除了添憂惹煩，這一生，竟未曾為母親做過任何一件讓人刻骨銘心的事，而我，是兄弟姊妹六人中最被寵遇的，享盡榮寵，卻未曾盡一分孝責，除了愧疚，仍是很深很深的愧疚。

回到台北，一進家門，沒開燈，癱坐沙發，彷如漆黑是這些年來我為自己與母親間所上過的唯一色彩，她窮盡一生給我豐足，我卻貧乏空無的回報，這一夜，浸蝕在黑無中，希望讓空洞失孝的靈魂，能在驚惶悔恨中任憑黑暗吞噬，而後啟迪重生，再引一線光，再開一扇窗，彌補曾經的掛漏。

白鴿奉獻給藍天，星光奉獻給長夜，而我，拿什麼奉獻給母親？我在黑暗中捫心自問著。

金錢，是母親一輩子的缺欠，賣牛葬夫和不斷賒欠舉債的日子，母親前半輩子都纏繞在窮困中，而今，金錢對母親而言，已毫無意義。

思索的瞬間，突然明白地領悟到，母親一生，所有的幸與不幸，所有的滿足與欠缺，所有的年輕與蒼老，都在那幾分薄田中；所有的勞苦和努力，所有的血與淚，為的只不過是生活中的柴米油鹽，也簡單得只是養兒育女中的甘甘苦苦，單調的人生，坎坷的歲月，孤苦的靈魂。

我能為母親做些什麼？就以拙筆，為她寫寫那單調孤苦的草木人生吧！

2. 下嫁

十八歲嫁給父親，從此，揭開了悲苦人生的序幕。

林䆢（音同「普」），民國十六年，出生在雲林台西海邊，臨近新虎尾溪旁的僻壤小村，村名叫蚊港，兄弟姊妹排行第十二，外祖母很有能耐，比媳婦還晚生，打母親在娘胎起就有人叫她姑姑了。

在我上學後，仍不知母親名字的音義，有一天問母親，她不耐的解道：因外祖母生太多，重男輕女，視女同物，物久放必生霉，因而取了諧音名字。吾信以為真，還佩服外公好學問，能取個一般人都不會念的字。

及長，查過字典後，才知母親只是隨口瞎掰。

名字乃父母賜給孩子的第一份禮物，雅不雅都無所謂，畢竟，名字只不過是一個人的代號罷了，取名林青霞，不一定就有美貌；取名蔡頭，也不一定就多才多藝，也不一定短腿；也不會取名為郭台銘，就能變成台灣首富。美名不一定好命，人生，也不是用名字來註解它的酸澀與甘甜。

母親娘家是村裡人丁眾多的小望族，在那「均貧」的年代，是窮困中的小窮人家；父親家族則曾是村裡的外來戶，聽說祖父因一隻羊越籬吃草的小糾紛，遭堂兄弟多人以亂棍打成重殘，不久後傷重不治。之後，祖母攜父叔輩舉家迫遷至現居地，茅頂土确厝，就是我小時候的家。

父叔共五丁，父親排行老大，一起向政府租了兩塊貧地，開啟了貧農的歲月，及如耕牛般的人生，而父母及叔嬸就憑這兩畝薄地，養育了總共二十四個堂兄弟姊妹的大家族，赤貧，跟隨了這個大家族整整四十年。

女人聰明，一愛就笨，古今皆然。母親十八歲「下」嫁父親，從此，揭開了悲苦人生的序幕。

3. 鬮分

家是分了，窮卻沒變，只是一窮變五窮罷了。往後二十年，任憑父叔輩如何辛勞和努力，貧窮，始終如葛籐蔓草般纏繞在這五窮的大家族。

樹大分枝，枝開葉散，這是自然且必然的法則。

屘叔婚後沒幾年，父叔輩分家了，分家前多蓋了幾間房，才勉強每戶可分得一間臥室和一間簡陋的廚房，也各分得幾分不適耕植的薄地，和一堆為數不詳的債務，從此，這個窮困的大家族，分戶分食，各自獨立。

然而，家是分了，窮卻沒變，只是一窮變五窮罷了。往後二十年，任憑父叔輩如何辛勞和努力，貧窮，始終如葛籐蔓草般纏繞在這五窮的大家族。

房間，約莫六坪大，木板門，木條窗，木條板鋪蓆的大通鋪，擠睡著八個人，有時太擠，還得交叉倒著睡。地板是不很平整的泥地，最怕下雨天，地上床上總是放著盆盆罐罐，迎接屋內小雨，有時候，還得在冬夜睡著濕冷的床，每天起床，還得小心，因為常會不經意地踩到躲雨的青蛙或蟾蜍。

回想起來，有點不堪的心酸，下雨天，你可以借得到油鹽，但借不到盆罐，因為三合院的五窮人家都一樣，堂兄弟姊妹沒有一個好命過，且越年長越苦，也苦得越長，然而，也因同苦同命而同心。

一個大灶，一個置柴架，一個自製菜櫥，一個水缸，一張陳舊的餐桌，兩條自製長板凳，這就是我們三合院內五戶人家的標準廚房，晚飯前，廚房就是書房，餐桌就是書桌。

三合院的大埕，就是二十四個堂兄弟姊妹的大樂園，大庭院，可以晾曬稻穀、落花生和刨地瓜簽，這個大埕，曾寫著父輩的苦與淚，也寫著孩子們童年的笑與夢，更寫著一個窮困大家族的辛酸史。

4. 夫喪

母親，從半掩的廳門，望著向晚的遠方，眼，無神，心，空洞，直到黑夜襲來，陪伴的是冰冷的父體。

未滿七足歲，參加了人生的第一場喪禮，所送的不是別人，正是我不得其年而逝的父親。

民國五十九年二月，正值寒冬，父親因病逝故，是我上小學前的一年半，妹妹更小，剛學會說話。依稀記得，全家族都很傷心，忙進忙出的，張羅著父親的身後事。

第一次看見母親歇斯底里地跪撫父體，捶心痛哭，哭喊父名，哭斷了腸，哭到無聲，淚水混著口水滑落，傷痛到需人攙扶才能告謝前來慰問的親友。

父親逝故，讓我明白，原來一個女人的淚，可以這麼多；一個女人的心，可以這樣的割痛。

之後，一連兩天，沒有看見母親再哭，每天黃昏，只是靜坐在大廳棺前的小凳上，綣縮著身子，從半掩的廳門，望著向晚的遠方，眼，無神，心，空洞，直到黑夜襲來，陪伴的是冰冷的父體，一盞刺鼻的煤油燈，簷前一堆安送父親黃泉路的紙錢，一夜的黑和一夜的冷。

無聲無淚的悲，更讓人擔心與害怕。

「富在深山有遠親，貧居鬧市無人問」，是的，由於不得其年而逝，也租不起冰櫃，三天後，父親即草草出殯了。出殯時，參與悼祭的親友不多，一個剛成年的大哥，引領五個未成年的弟妹，最小的妹妹尚未滿四足歲，對前來悼祭的親友，一一地深深鞠躬答禮。

起棺那一刻，母親撫棺痛哭，兄弟姊妹六人依序跪趴棺下，棺過緣滅，從此，結束了六年半的父子情緣。對我和妹妹而言，這也只是一段隨起即滅的父緣罷了。

簡單的棺木，簡單的靈堂，簡單的儀式，簡單的陣頭，和稀落的送行人，送走了父親四十五年簡單而短暫的人生，一切都簡單得寒酸，也簡單得令人鼻酸。

我和妹妹不懂死，也不懂痛，只是被一種悲傷的氣氛所包圍，披麻帶孝，在似懂非懂中看完父親淒涼人生的完結篇。

曾想，在如此窮困的家庭，也許活著，只是一種罪和折磨；死去，也未嘗不是一種脫離苦難的幸福；也曾想，父親早走，或許是因為上帝的天堂裡急缺一個人世間最勤勉的長工，所以父親被優先錄取了。

那年的冬天，真的很冷，是種浸漫一生的絕冷。

5. 賣牛葬夫

那頭水牛，是我們家僅有最值錢的財富，竟成了父親最後的棺材本。

人生，有些東西不能賣，也有些東西不能割捨，一旦出賣，也將會賣掉某些附屬的價值；一旦割捨，傷痛將永無止境地跟隨。

父逝那年，父情被割捨了，水牛也賣了，然而，賣掉的不只是一頭牛，同時也賣掉了無邪的童年；父緣滅了，傷痛卻一輩子的纏繞與跟隨。

猶記得，父逝的第二天，姑丈帶一個陌生人到後院的牛棚，後來知道陌生人是個牛販，我如小偵探般藏身在屋角偷偷的窺望著，牛販拍拍牛背、拎拎牛鼻子、又將手伸入牛嘴摸摸牛齒辨牛齡，上下打量著牛身，再和姑丈討價還價的聊著。

大哥只是蹙眉的站在一旁，偶爾仰首看天，靜默無語，活似任由命運擺佈的呆人。

賣了，我們家最忠誠的奴僕被出賣了！

接過姑丈轉交的錢，大哥沒有數，是信賴也是無奈，再三的點頭感謝牛販叔叔，最後，目送緩步遠走的牛背影。

二十出頭歲的大哥，與母親第一次共同肩負一家的苦難，就是賣牛葬父（夫），再三鞠躬感謝牛販叔叔的行止，是謙遜，也隱含著很深很深的自卑。

那頭水牛，是我們家僅有最值錢的財富，竟成了父親最後的棺材本。

我和牛相處的時間遠比父親多，牛背上載滿了我和二哥的童年歡樂，牛背影是我童年的縮影，農村小孩，沒有牛的童年，就像沒搭蒜的香腸一樣，永遠少一味。記憶中，父親的影子稀落，倒是常常想起那頭牛，好像是想念分手的小情人一般。

再一次走到牛棚，輕撫著沒有主人的牛軛和牛車，和那根圓實的大籐條，繞了一圈又一圈，追憶著和二哥放牛吃草，和看牛洗澡甩尾的點點滴滴，為童年似懂非懂的惆悵和傷感做最後一次的巡禮。

那一年，父親走了，牛走了，童年……，也走了。

6. 沒缺角的豆腐乳

猶記得，餐桌上的那塊豆腐乳經常方正無缺，為何無缺？因為母親的筷子始終沒碰過。現在，常常記不起昨晚在大餐廳和朋友吃了什麼大菜，但四十年前那塊沒有缺角的豆腐乳，卻把童年映得如此清晰。

父親走了，牛賣了，所幸，我們家還有另一頭牛，那就是我的母親，一頭從不說苦說累的牛。

父親過逝後不久，大哥負笈他鄉，大姊早早嫁人，二姊到城裡紡織廠當小女工，家中只剩母親、念國小的二哥、四歲的妹妹和我。

每天清晨，東方尚未魚肚白，母親即起床，開始一天的粗活。

首先，升柴火煮飯，說是煮飯並不正確，其實只有「地瓜簽」，因為我始終認為無米不成炊、無米不成飯，至少那個年代是這樣。

每天早餐，餐桌上永遠都是一大鍋「地瓜簽」，一塊豆腐乳和幾隻飛繞的蒼蠅相陪，這樣的素景，一畫就是好多年，直到大哥回鄉教書後才稍添顏色。

每回看到印象派大師梵谷早期鉅作——食薯者，總有很深的感動和感慨，一種祥和的感動，一份窮困的感慨，宛如記憶中餐桌上永遠只是一塊豆腐乳的那一幕素景。

猶記得，餐桌上的那塊豆腐乳經常方正無缺，為何無缺？因為母親的筷子始終沒碰過。現在，常常記不起昨晚在大餐廳和朋友吃了什麼大菜，但四十年前那塊沒有缺角的豆腐乳，卻把童年映得如此清晰。

人，總是因刻骨而銘心，因深刻而感動。

一個大人、三個小孩卻要煮一大鍋，因為母親和二哥食量大，每餐要吃四、五碗，二哥還要帶一個濾過湯的「地瓜簽」便當，早餐吃剩的就是午餐。

晚餐較豐盛，是一點米佐地瓜或地瓜簽的飯，一大碗的蘆筍頭湯，偶爾，會有一盤花生，也偶爾，會有母親到野溪或海邊捕撈的魚蟹，每次的偶爾，都令我們兄妹三人好興奮。

記得曾經，餐桌上連一塊豆腐乳都沒有；記得曾經，好幾個月沒有看過白米；記得曾經，因不敢吃長蛆的豆腐乳而被母親責罵；記得曾經，二哥因放學後偷吃了一條晚餐的鹹魚而被母親責打；記得曾經，和妹妹爭食一個因孵未成型的煎雞蛋，雙雙被母親痛打；也記得曾經，聽二哥說過，在學校吃午餐都和堂哥一起躲到遠遠的大樹下，深怕同學或老師發現那個只有黑地瓜簽的便當。

故園，不堪回首；童年，不堪記憶，太多太多的曾經，再回首，也只是憑添數不完的淚和痛。

吃飯，本應是一種快樂，餐桌，本代表著一個家的幸福，但大哥回鄉教書前的那幾年，吃飯，對我們而言，竟是一種沈重的負擔。

煮完早餐，約莫五點左右，母親就和嬸嬸們一起下田上工，等到回來時，早已日落西山，而母親回來的第一件事，就是摘下斗笠，然後倒一大碗公的水，坐在屋簷下，咕嚕地牛飲而盡，再長長地喘一口大氣，疲備而空洞的眼神，望著好遠好遠的地方，是在想念過世不久的父親，或是一個不敢奢望的未來，還是那個已經見底的米甕，我不知道，也不敢問，因為父親過逝後，母親變得性急氣大，也變得有點沈默，一種令人不安的沈默。

那年代，其實，每個母親都相同，總是日復日不斷辛苦的勞作，為的只是養家活口。然而，夫喪的無依，眾多的子女，歉收的薄田，經常見底的米甕，和那還不完的債務，常壓得母親喘不過氣。

一直以來，這個家始終泥陷在窮困中，彷如旋轉木馬，一圈又一圈，一回又一回，偶爾，接到二姊從台北寄回的一點錢，看似解決了生活上的某些問題，然而，過了一段時間，轉繞了一個圈後，才發現，問題依然存在，且在不斷地擴散蔓延著。

曾經有過一個念頭，如果當年母親改嫁、離家出走、甚或帶我們燒炭自殺，也應該得到原諒。然而，母親並沒有，而是選擇做我們家的另一頭牛，不停歇地往前犁耕，連同父親該盡的那一份，一併概括承擔，無怨無尤也無悔。

7. 半斤鹽

人是敏感而脆弱的，尤其是困頓中的窮人，哪怕是一句話、一個眼神、一粒米或一匙鹽，都會剝蝕掉你那僅存的自尊。

民國六十年，我念小一。

春節前後，是農閒季節，大多數的農民賦閒在家，細數著這一年的豐盈或歉收，等元宵交春的第一場雨過後，又開始翻土犁田，種花生及插秧是農村的第一場農忙，就此揭開了看天的一年。

農閒時候，母親和嬸嬸們就一同到海灘掘抓西施舌，貼補家用，順便捕撈些魚蟹，這是五窮人家最富足的季節。

小時候，村子裡有兩家雜貨店，母親偶爾給我和妹妹犒賞的甘仔糖或枝仔冰，都是從那裡買來的，我常替母親到鄰近的雜貨店去賒買油鹽等雜貨，店家知道我是那家的孩子，老闆人很好，經常讓我們賒欠。

有天傍晚，母親剛從海邊回來，殺魚時喚我去賒一包半斤的鹽，我想著母親手中的那條肥魚，邊走邊跳，樂不可支。

到了雜貨店，向老闆的兒子說要賒一包鹽，老闆的兒子斜眼看我一下，翻了一下帳簿，闔上帳簿後丟在一旁，側著臉提高音量說：「賣完了。」連看也沒看我一眼。

我瞄到了他身旁的那一大袋鹽和鹽秤，低頭離去，背後隱約聽到他對旁人補了一句：「欠那麼多還要賒。」我漲紅著臉，沿路咬牙用力踢著腳下的石頭，每個都踢得老遠，其中轉身踢向雜貨店方向的那一個踢得最遠。

那一天，真的很受傷。

一進廚房，吞吞吐吐的告訴母親，老闆的兒子說賣完了，母親正在炒菜，看到我漲紅的臉和不自然的語調，沒回一句話，但我聽到了母親用力的炒菜聲。

晚餐時，白目二哥夾過魚後說：「那攏沒鹹，要怎麼吃！」母親突然大聲斥罵：「要吃就吃，不吃出去。」

那一餐，沒人敢再說一句話，那條魚，沒人再夾過。

人是敏感而脆弱的，尤其是困頓中的窮人，哪怕是一句話、一個眼神、一滴油或一匙鹽，都會剝蝕掉你那僅存的自尊。

8. 兩滴刺青

為什麼不問對錯？為什麼要打給人家看？為什麼窮人家就要過得如此卑微？為什麼母親的生活總是逃不出父親的死？而我和妹妹的童年總是躲不過母親的淚？

走過的童年，不論貧富，不論苦樂，是每個人一生中最回味的一部分，也是每個人歲月的起站。

十歲那年，我的背上多了一道刺青！

那年的某個黃昏，所有鄰居的小孩結群嬉鬧，最後大家以馬路為河，兩旁的矮牆為界，楚漢分國，玩起擲土丟石，外加砸泥巴的打仗遊戲，頓時，開啟了一場大混戰，每個人時而英勇衝鋒，深入敵營，時而鼠輩躲藏，正興高烈采難分難解時，敵營有個小女孩右額頭遭亂石擊中，鮮血如注，見狀，混亂中，所有小孩四散流竄，我亦若無其事的走回家，若無其事的寫功課，也若無其事的晚餐，但小腦袋中不時浮映著小女孩那張血淹的哭臉。

晚飯後，聽到母親與人在屋外大埕的交談聲，深覺不祥之兆。

突然，母親急喚我，我故作鎮定地慢走到母親身旁，母親厲色斥問：「為何拿石頭砸人？」我急回：「又不是……。」語未畢，母親一箭步，巴掌已落在我左臉頰。鄰婦不悅的補上：「還說沒有，所有小孩都有看到，如果砸到眼睛不就變瞎子，這麼小就愛說謊，大了還得了。」

母親聽完再問一次，我低頭咬牙不語，母親一巴掌又落下，接著一連數問，一問一掌，一掌一問，我感到臉頰又痛又熱，沒有哭，斜眼狠瞪小女生一眼，小女孩緊拉鄰婦衣角，急縮到婦人背後。

母親急急回到廚房，拿了那根賣牛後留下的籐條直指著我：「再問你一次，有沒有？」我依然咬牙不語，母親的籐條重重的落在我的小腿上，我仍沒哭，不語不屈。

母親終於抓狂了：「你老爸早死，才會沒人教示，才會變款，不說就打到說。」邊說邊抽打，很有節奏感。

嬸嬸急忙趕來勸阻，鄰婦見狀，即提高假同情的聲音：「雞啊！都是小孩在玩嘛，誤傷難免，都流血了，不要再打了。」隨即帶著小女孩得意的離去，嬸嬸背向母親護抱著我。

母親丟下籐條，氣哭著走回屋內。

終於再也忍不住，我放聲大哭在嬸嬸懷裡，斷續啜泣地說著：「又……不是我，又不是我。」嬸嬸連聲的安慰著：「不要哭了，我知道不是你，我知道，以後乖一點就好，乖，不要再哭了。」

洗澡時，小腿刺痛得令人想再哭一場，擦拭時，感覺得到兩邊臉頰明顯的大小，和小腿上紅腫滲血的籐條印，緩緩抹去鏡上的白霧，小小年紀，心中充滿怨恨，眼神中充滿著怒與火，恨透了那個誣告的小女孩，恨透了那個得意的鄰婦，也恨透了母親的不分青紅皂白。

從那次後，不再和那小女孩講話，不再到那戶人家去看電視，也負氣地和母親冷戰了好幾天。

晚上，獨坐在簷下小凳上，落寞無語，只是撫腿摸臉自憐，仍感痛與熱，任誰叫我都不應，學著母親，把空洞的眼神盯落在黑暗中的遠方，若有似無地，想著那血臉的女孩，得意的鄰婦，嚴刑逼供的母親，和丟在一旁的那根大籐條。

回過神，驚見母親蹲靠一旁，拿著一盒褐黑色的藥膏要幫我敷藥，我嘸嘴假裝沒看到，俟母親一伸過手來，我以手推開，藥盒滑落，母親起身側臉站著，沒罵我，沒看我，也沒安慰我，許久許久，時空頓時凝結，沒有半句話，等母親彎腰撿起藥盒轉頭離去時，我看見母親含淚的眼。

睡夢中，突然有一隻手，輕撫我腫痛的左臉頰和左小腿，輕輕側翻我的身子，我假裝沒醒來，憑觸覺就知道那是母親的手，邊敷藥邊說著：「人家是有錢有勢的小千金，我們不同，要認份，玩到沒分沒寸，玩到人家侵門踏戶來理論，我總是要打給人家看才行，你自己也逞強，不管有沒有，早承認就不必多討打，嘴硬就是找死，你若有聽到，以後就要記得，不要讓人家說你老爸早死，孩子就沒規矩、沒教養。」哽咽中，兩滴淚滑落在我側身的背上。

等母親離去，我掩被縮曲著全身，雙手摀臉痛哭，小小年紀，再一次地痛恨著一切。

為什麼不問對錯？為什麼有沒有都要早承認？為什麼要打給人家看？為什麼窮人家就要過得如此卑微？為什麼母親的生活總是逃不出父親的死？而我和妹妹的童年總是躲不過母親的淚？

明明是暮春轉夏的季節，天氣應該是溫暖的，我的心卻因為背上母親的淚而降到冰點。背上的兩滴淚，好比浪子的刺青，有痛、有恨、有淚、也有後悔，是縮影，也是宣示的圖騰。

兩滴淚，落背，穿心，也永遠烙印在我的人生。

而今，數十年過去了，我來自於流氓的故鄉，我有一個管教我就像流氓大哥管小弟的母親，我是流氓律師，當年背上的兩滴刺青，終於讓我明白，沒有揭開女人心中最深的那一層紗，你根本無法分辨好女人與壞女人，嚴格，有時候也是一種慈悲。

9. 看天

等到颱離潮退，所有水稻倒偃在田埂中，日曬兩天後，浸泡海水的稻田頓時由翠綠轉為慘白，一片白茫茫，無一倖免，原本得意豐收的季節，也頓時成了慘白的季節。

這幾年來，每次回到老家，總喜歡開車到處逛逛，拾取和回味著人生中曾經的點點滴滴，快樂也好，辛酸也罷，走過了，就是人生的一部分，儘管有時是那樣的不堪。

從那個狂歡六年的小學，離校不遠那間曾經當過童工的廢工廠，到那片早已是荒煙蔓草的蘆筍園，而其中最心酸難忘的是靠海那塊貧瘠的鹽硝地。

記憶中，曾經有很多年，母親在初春播下希望的種苗，經過一季的辛苦，最後卻由老天代為收成，留下的只是無語的心酸。

父叔輩分家後，每戶分得兩塊薄地，東邊臨溪的是經常缺水的沙質地，西邊靠海的則是鹹分太重的鹽硝地，兩塊地除了少許耐熱或耐鹹的農作物外，並不適耕植，靠海的鹽硝地只適合魚塭養殖或種植水稻，種植後再不斷地以地下水灌溉調和過鹹的土質。

每年元宵後不久，當第一場春雨降臨後，從犁田、翻土和插秧開始，揭開了一季農忙的序幕。

插秧後不久，秧苗很快地迎春茁長，但莠草亦迅速竄生，與秧苗分食爭輝，為免莠草爭食養分，農人總是不斷的在灌溉、除草與施肥中循環著相同的農務，直到稻禾吐穗結實為止。

除草，是一件辛苦莫名的工作，有錢人可以雇工代勞，窮人家就只能靠家人幫忙，念小學的那幾年，二哥、妹妹和我都曾是母親稻田中除草的得力助手，三個人都曾是不折不扣的小農夫。

讀小學時，最不喜歡放學或放假，當很多同學結群遊玩嬉戲時，我們都得趕往水稻田裡幫忙除草，秧苗還小時，得用跪爬的方式除草，低頭徐緩而進，姿勢宛如蠶食桑葉，也如樹葉上的毛毛蟲，不停歇地努力向前蠕動，然，一種是享受，一種是受苦，惟所圖卻相同，都只是卑微的生存。

秧苗長高前，需經常灌溉，水兼有保濕及調溫的功能，也因此，除草時必須跪爬在泥濘的爛泥中，一寸一寸地徐緩向前，是農人勞苦的謙卑，也是無聲的卑微。

記得曾在電視中看見老師帶著學生，捲起褲管，赤腳走在稻田中，體驗農村生活的甘苦。直覺有點好笑，農民的甘苦，豈是赤腳走入田中笑拈幾球爛泥巴所能體驗，畢竟，玩泥球和跪爬在爛泥中除草，苦樂間是天壤之別的兩碼事。

首先，初春時節仍偶有寒流，天微亮，當你一腳跪踩在泥水中，頓時，從腳底到頭頂，全身的寒顫，由於四肢均浸泡於臭泥中，低頭仔細拔除莠草，為了快速，必須兩手並用，且須用力連根拔起，否則春風吹又生，到頭來將白忙一場。而低頭跪爬除草的姿勢，容易腰酸背痛，四肢酸麻，往往不到一刻鐘，就會汗流浹背，濺濕全身，活像個泥人，額頭的汗水順勢滴落在田中，有時會順流進眼裡，瞬間刺痛淚流，此時只好把泥手在泥服上擦一擦，再以手指刮去混流的汗和淚，累了時，通常只能就地跪立挺腰或偶爾站起小憩。

跪爬除草時，每人每趟四行，母親都跪爬在中間，我和二哥或妹妹分跪在兩側，母親會各幫我們除一行草，一則怕我們落後太多而偷懶，另則可以聊天或唱歌解悶，增進親誼。我們經常重複地唱著「望春風」、「淡水河邊」或「最後的火車站」等二姊所教的歌曲，有時還會請母親裁判評分，忘我時常慢了工，母親就會警告、催促或罵人，我們就故意唱得更大聲更忘我，壓過母親的罵聲。趕工時，母親會厲色制止，偶爾也會開懷哼歌陪笑，融入我們之間，畢竟那是三個小農夫勞苦中唯有的快樂，只要不太過分，母親總會包容成全，尤其是二哥，他總是有讓母親轉怒為笑的能耐。

轉夏後，秧苗抽高茁長，終於不必跪爬除草，改為彎腰低頭的姿勢，由於稻高人矮，且禾葉間滿佈細茸毛，禾尾尖細，穿長褲時酷熱難當，穿短褲時，兩腿內側及鼠蹊部都經常遭禾尖茸毛擦刮磨蹭到一片紅腫，像過敏的斑疹，麻熱疼痛，洗澡時更是刺痛難耐。

偶爾，稻叢中會有小蛇、青蛙、蟾蜍或各種昆蟲跳竄其間，小蛇遇人就溜散，青蛙、蟾蜍是溫善的動物，有時抓得，會以稻梗為管，插入青蛙屁眼吹氣，讓牠頓時成了「膨風水蛙」，癱軟反躺於地，動彈不得，也算是忙裡偷閒的一種野趣。

然而，大多數的時候，有些不知名的跳蟲會爬進褲管叮咬，疼痛奇癢難耐，下工回家清洗後，才發現滿腳的紅痘。

每當除草到田埂盡頭時，母親依例都會讓我們休息片刻，我們就順拉著兔藤爬上海堤，瞭望著漫無邊際的台灣海峽，漲潮時，一片澎湃洶湧，浪潮拍岸；退潮時，無垠的海灘，各色螃蟹橫行競艷，海灘綿延到天際，映落在遠方無數的波光和稀落的漁影中，海市蜃樓般的迷濛，充滿著一種農村漁火的祥和，一種曾經屬於我們和母親辛酸淒美的祥和。

盛夏後，稻禾抽長得更高了，一片藹藹，如翡翠般的油綠，美不勝收，此時不用經常除草，只需施肥和偶爾尋拔夾長於稻禾中且又類似稻禾，一種俗稱為「竹片草」的稗草，此草與稻禾難辨，且養分爭得凶，如未及時分辨拔除，兩三天後就會高出稻禾甚多，宛如高傲的孔雀，對你炫燿著它高明的化妝術。

母親施肥時，我和妹妹總是高歌引領在前，穿梭玩耍於禾叢間，隨著文風的稻浪追逐，手執枯枝逗打著青蛙或跳蟲，喜孜孜地迎接夏末即將豐收的季節。

看見稻禾尖開花吐白時，小農夫也會有股雀躍的悸動，畢竟和母親辛苦了一季，已逐漸進入準備豐收的階段，看著迎風起舞的稻浪，心情樂得就像等不及長大的孩子般，恨不得明天就可以收割，早早結束這辛苦又得意的一季。

過沒幾天，不幸的事發生了，一連兩天，日薄西山時，天際出現一片通紅異象，善觀天象的老農預測將有強颱來襲，村人爭相走告，但除了祈天求神外，也是束手無策，只見母親緊蹙雙眉的神色，偶爾望天長嘆，偶爾低頭喃喃而禱。

然，所有的祈求和禱告，仍逃不出農民看天的宿命。

少見的西南颱登陸，挾帶強風豪雨橫掃而來，外加倒灌的海水，剛開花結穗的稻禾，全浸沒在水鄉澤國中，等到颱離潮退，所有水稻倒偃在田埂中，日曬兩天後，浸泡海水的稻田頓時由翠綠轉為慘白，一片白茫茫，無一倖免，原本得意豐收的季節，也頓時成了慘白的季節。

望著眼前這一片的白茫茫，蒼天，無語，母親哭了，我想，很多母親也哭了。

一個勞寡農婦，和三個稚嫩的小農夫，在這片泥田中低頭跪爬了一季，任憑勞怨，何等的卑微與認命，一季的汗水，卻換不到憐憫的一粒米，跪爬多年，卻未曾吃過一碗屬於自己的白米飯，上蒼何忍？眾神何忍？

兒時記憶中的那一片慘白，是農人逃不出看天宿命的唯一色彩。

10. 三根紅蘿蔔

我感受到母親的啜泣，和那幾乎抬不起頭的背影，繞走到母親面前，一看到我，用左手把我緊攬入懷，我驚嚇得縱聲大哭，良久良久，母子二人，擁泣在村郊野路，心淒，風冷，一片黑。

每個人一生，都有一道佳餚，永遠難忘，永遠垂涎；也會有一種傷痛，永遠難忘，永遠割心。如果垂涎的佳餚，加入椎心的傷痛，那是如何的滋味？沒嚐過的人，永遠不會明瞭。

紅蘿蔔燉飯，是小時候我最喜愛的佳餚，永遠難忘的好味道，但民國六十二年，這道佳餚摻入了割心的痛。

父親逝故後，我一直是母親廚房和田裡最得力的助手，俐落貼心，學會用大灶煮飯，和一些如除草之類簡單力薄的農務。

小二那年某一天，靠海的水稻田收成後，和母親一起下田，將一捆捆曬乾的稻草堆疊成塔狀，為免次日再一個工作天，我們在三叔叔的幫忙下，快馬加鞭地將所剩稻草堆疊完畢，忙完時，天早已黑了。

成了最佳助手後，對母親的要求，只要不太超過，大都是有求必應。

回家路上，吵著母親要吃紅蘿蔔燉飯，母親面有難色地說：「改天再煮。」我執意不肯，在腳踏車後座，拉著母親的衣角再三撒嬌央求著，母親不耐地叫我別再吵，我仍不依，衣角越拉越急越用力，也越吵越鬧越大聲，母親突然停車，在我左手臂上重重一擰，我跳下車，用右手摀著左手臂，痛得蹲坐大哭，母親厲聲斥喝：「要吃好的，不會去出世在有錢人家，再哭，回家就吃棍子。」

對母親突來的爆怒嚇了一大跳，看著母親怔忡的眼神，狠狠地在我心中畫下一刀，原本親密的親子關係，突然變得疏離與莫名。

母親牽著腳踏車離去，等我回過神，已不見母親蹤影，四周的黑和風吹草磨的聲響，我害怕得疾步追趕母親，不一會兒，看見了腳踏車，卻不見母親，正狐疑時，突見母親從旁邊不遠的草園中走出來，手裡拿著三根肥大帶土的紅蘿蔔。

我知道，那是母親偷來的。

沿路上，母親在前，我跟在後，沒交談，一路的沉默。

臨入村前，突然有一個中年人騎腳踏車趕過我們，在母親面前停下來，我和母親嚇一跳，只聽到中年人不悅的用台語說：「穡啊！偷來的甘會卡好吃，老全（父名）兄如果還在的話，說出去甘會聽咧……，若去見村長甘好看。」母親不語，中年人說完哼了一聲，騎著車走了。

母親倚車低頭原地站了很久，我感受到母親低吟的啜泣，和那幾乎抬不起頭的背影，繞走到母親面前，一看到我，用左手把我緊攬入懷，我驚嚇得縱聲大哭，良久良久，母子二人，擁泣在村郊野路，心淒，風冷，一片黑。

回到家，沒看見三根紅蘿蔔，也沒有紅蘿蔔燉飯。那一餐，一如往常，地瓜簽佐飯，一塊豆腐乳，外加一條已翻面的鹹魚，餐桌上只有二哥、妹妹、我和那盞昏黃的燈。

母親獨坐在簷下矮凳上，依然是空洞的眼神，依然望著很遠很遠的地方，這一回，母親又在想什麼？

臨睡前，偷偷地再去廚房找尋那三根紅蘿蔔，翻了很久，沒找著，卻意外發現米甕也見底了。

躺在床上，輕撫著瘀青疼痛的左手臂，終於明白，為何母親要說改天煮，為何母親突然暴怒，為何母親擰得這麼重，瞪得這麼凶狠。

為了滿足我一餐，母親成了小偷，壞女人有時竟是好女人的保護色。

11. 後花園

我必須承認，我曾經狠狠的痛恨過父親，有時候覺得，父親對我而言，只不過是個有血緣關係的陌生人，一個會經常想念與渴望一個深擁的陌生人。

突然有一天，姪子帶著懷疑又興奮的語氣追問我：「正心」校運時所發的目錄中，標槍和游泳接力的紀錄保持人還是你，真的嗎？實在很難想像，叔叔又矮又胖，橫瞧豎看，都不像是浪裡白條，又怎麼可能在國三（民國六十八年）創下五十米標槍紀錄至今未被打破？

什麼話，別懷疑，那就是「貧道」。企鵝也可以是浪裡白條，矮，是我不想長高；胖，是生活中的不得已；紀錄三十幾年沒破，是你們不爭氣，不要太崇拜我。我自鳴得意地臭屁著。

其實沒錯，我是有點矮胖，沒什麼運動細胞，更別說天賦，有點牛力，乃拜家中那片蘆筍園之賜，練就一身肌力，每天清晨四點半到七點，小五、小六整整鍛鍊了兩年。

每個人心中，都有一個屬於自己的後花園，在那裡，你可以尋歡忘我，避世滅憂，甚而恣意妄為。

離家三公里，鄰近新虎尾溪畔的那片蘆荀園，就是我生命中曾經的後花園，我是兼園丁的國王，七點後移交給母親，母親是苦命的皇太后兼家奴，因為蘆筍園的每一分所得，最後都是花用在國王身上。

剛過四點的清晨，雞犬尚未相聞，拎著一個塑膠帆布袋，一把蘆筍鏟，赤腳踩著腳踏車，匆匆奔向我的後花園。

先經幾戶人家，進入村郊的小樹林，我開始唱歌壯膽，崎嶇的牛車路，兩邊時而樹高草長，時而草短無樹，一路無人，一片寂靜，幾個彎迴後，來到「恐怖角」。

臨涉水渡河前，斜坡兩旁一大片盡是密麻結群的林投樹，其間穿插幾株鬚茂的木麻黃，茂叢中還殘掩著一間廢棄的破工寮，場景宛如「魔戒」電影中哈比人渡越沼澤般，在藏青色天空的相襯下，彷彿林投姊或貞子隨時會突然飄出，無比懾人。

把歌唱得更忘我更高吭，是我唯一能做的掩飾與防衛。

關於那個恐怖角，村裡流傳著一些掛人頭的鬼魅故事，獨自經過的人都會發毛。當年，我十二歲，哪來的豹子膽，家人都很折服。其實我也不清楚，也許是笨，笨得不會有聰明人的驚慌；也許是愛，內心一份替母親分擔的力量，因為愛能超越恐懼。

恐怖角，還有一個我出世不久和母親間一段淒美的生死故事，關係著我真實年紀的秘密。

穿過那片林投樹，就是新虎尾溪，枯水期，就赤腳跋涉渡河；汛防期，村裡有個叫「連仔」的渡夫，搭筏渡河，每趟五毛錢。

渡河後，就到了我的後花園，連同叔輩的，一共二甲闊的蘆筍園，翻筋斗、丟土、堆沙或撒尿，方圓數里獨一人，偶有跳竄的昆蟲、蟾蜍或小蛇相陪，天寬地闊任我行。

每欉蘆筍就像披上婚紗的小矮人，一片蘆筍園就像大廣場上的集團結婚，壯觀無比，我是證婚的國王，朝露就是待嫁女兒心的淚珠，每天嫁每天哭，每天哭還是每天嫁，很有趣。欉下出土的白筍就像剛出生的嬰兒，我和母親就像是接生的產婆，嬰兒越肥越值錢，太細小的就當場「鏟殺」，不留活口，以免爭食養分。

每天我必須幫忙接生一大袋白嬰，再匆忙地在溪底或趕回家洗澡後上學，其餘四分之三就交給母親，母親接生完就載到市集由專人收購，每斤十二元，母親和嬸嬸們，好比販嬰集團，每天所得約三、四百元，在那年代，這已是一家勉可餬口的收入。

最喜歡假日的後花園，二哥、妹妹及所有堂兄弟姊妹總動員，叫囂穿梭在這片後花園，挖到肥大的巨嬰，還會彼此神氣地相互展示炫耀。

二哥是力氣大的懶惰蟲兼投機客，每次比賽他都是最先挖完一隴，任憑妹妹和我這個老手如何拼命追趕，還是差很遠，每回挖完，都看見早已在大樹下乘涼吃冰的他，斜眼對我和妹妹露出得意的奸笑，偶爾還會風涼兩句：「差別的不是年紀或力氣，聰明和魯鈍罷了。」

怎可能？我年紀雖小，但經年不斷地練習，早已得到母親熟巧功力的真傳，在堂兄弟姊妹間，我堪稱翹楚，這是家族大小所公認，怎可能敗給插花幫忙的二哥？

經我和妹妹多次細查暗訪，發現二哥沿路用自己的標準鏟殺可能還合格可賣的幼筍，逮到了小辮子，我和妹妹拿著斷頭夭折的筍尾當證物，急向母親打小報告，二哥挨罵時，換我們得意的竊笑，呼應母親一起叫罵，得到了報復的滿足。

詎料，二哥竟以比賽挖太快，才不小心鏟斷的置辯，用一個自己都不會相信的理由狡辯，真是無可救藥的好辯之徒。

當然，結果他還是抵賴不還詐賭所得，向來都這樣，他都會以一些讓人哭笑不得的理由置辯回駁你，有時候，你也不得不折服他那份常人少有的能耐。

其實，所有的筍農都清楚，挖蘆筍是相當辛苦吃重的工作，尤其是雨天，混水荷土的沈重，宛如老牛拖犁般的吃力，寫意而敘，是不想破壞童年的後花園，在那段母子相依的日子裡，一起與母親享受著那充盈著某種快樂的心酸，和那某種心酸的幸福。

挖蘆筍分成兩步驟，鏟土及拔筍。鏟土憑力氣，拔筍靠技巧，好比捏麵人，需要一點巧力，有的長得太深較費力，有的太脆嫩，一不小心就折損，當年年紀小，巧力靠母親的傳授，力氣全憑自己。

最怕季初的採挖，土質堅硬無比，每一根幼筍都讓你耗盡氣力，有時挖不到一半，就癱坐而息，挖完二小時，早已讓人筋疲力竭，手皮磨破，手臂僵直，全身酸痛，曾經，吃飯時，碗筷從僵到不聽使喚的手心顫落。

有一次，學校舉行月考，發現僵硬的手竟無法握筆寫字，望著乾硬破皮的手指，有些想哭，看著幾乎空白的考卷，有些茫然，但也坦然。

曾經不止一次偷偷地埋怨，怨母親，怨父親，怨貧窮，也怨命運，更怨這片土地。

當我拿著幾乎零分的考卷向母親抱怨時，母親交握著我的雙手安慰：「乖兒，對不起，下次考試你休息。」順手拿了一張十元的紙鈔塞到我手心，這是母親少有的溫柔與大方。

接過錢的瞬間，發現母親粗皺的雙手佈滿新舊雜陳的破皮和擦傷，幾個新痕，猶透著鮮紅，相較於母親，我粗黑的手顯得白嫩，卻從沒聽母親怨過。

也不只一次地疑問著：母親真的從沒怨過嗎？我相信一定有，只是怨懟改變不了現況，也跳脫不了困境，也或許母親早已在困頓中學會融合認命的生活哲學。

由於酷熱難耐，工作時大量流汗，因此，水是每天的必備品，有幾次，母親忘了帶水，就到溪底舀溪水讓我解渴，怕我不敢喝，母親會先喝兩口再遞給我。我想，所有堂兄弟姊妹，應沒有人沒喝過新虎尾溪的溪水吧！

因為是沙質地，蘆筍園在盛夏十點後會變得像「火燒山」，無比燙熱，赤腳根本無法續行採挖，因此必須在十點前挖完，這也是我必須每天幫忙的原因。

然而，由於父逝，且分家時祖母依循民間習俗，長孫多分得一分地，因而縱使有我幫忙，任憑母親做事多麼俐落敏捷，經常還是無法在「火燒山」之前挖完，每每都是嬸嬸們一起幫忙。

父墳，就在後花園的東北角，相陪的，只是一顆高大鬚密的木麻黃，墓誌斑駁，墓頂亂草交錯，隔年，祖母一旁為伴，母子生死都相依，也是一種幸福。

對父親，並沒有太多印象，心中常存一份模糊而遙遠的思念，小農夫偶爾抬頭望望園角的父墳，然，每每看到母親死命工作的不捨，再想到終年躺在大樹下乘涼的父親，我必須承認，我曾經狠狠地痛恨過父親，有時候覺得，父親對我而言，只不過是個有血緣關係的陌生人，一個會經常想念與渴望一個深擁的陌生人。

也曾經，走到父墳前，凝視著雜亂的墓草，與那不起眼的墓碑，彷彿細寫著父親卑微短暫的一生，撒手人寰的無奈，和母親注定悲憫的人生。對於死生兩分的雙親，有著很深的想念和不捨，也承認，在那不起眼的墓碑前，我曾跪地痛哭失聲過。

民國六十四年起，至母親顱內蜘蛛網膜病變手術之七十九年止，整整十五個年頭，母親所有的汗與淚，所有的甘與苦，所有的幸與不幸，都浸漫在這片土地上。這片蘆筍園，種著一個寡婦的傷痛；也種著一個寡母的希望與未來，是苦窯，也是希望的殿堂，更是我生命中的後花園。

12. 消失的歲月

沿路上，母親想著父親為何對自己病重的孩子見死不救？為何不吭一聲？當掏完他所有衣褲的口袋後，她終於明白。女人，天大的委屈可以大哭大鬧咆哮一場；男人呢？只能有無聲的悲。

每個人心中都會有一個屬於自己的秘密，有些人，終其一生保存著，將它一起帶進墳墓埋葬；有些人，三兩天就有一個秘密，不斷地挖掘，也不斷地散播，假裝神秘，又不止歇地張揚，說穿了，也只不過是長舌的八卦婆。

真正的秘密，就是不想說或不能說，只因為太傷、太羞或太沉重，如曾經的憎恨、作弊、出軌、酒後亂性或愛上不該愛的人。然，時空是秘密的軟化劑，物換星移後，曾經的秘密，已可能不再是秘密，一個人不應有太多的秘密，因為秘密往往是記憶中痛苦的根源。

年紀，是女人的秘密，也是禁忌。對我而言，不是禁忌，但卻包裹著一個生死的小秘密。

猶記得，念小學時，和兩個堂弟同班，起初並不以為意，因為同學中有些人和我一樣的年紀，甚至有幾個大我一兩歲，後來，漸覺奇怪，也沒被留級，為何與堂弟同班，最小的堂弟甚至比我早兩天出生，有些莫名奇妙，但也不曾真正的在意及追究。

高二那年的暑假，在校工讀，當游泳教練的助理，打理更衣室時，聽到兩位老師聊著：「這學生認真聰慧，談吐貼心又能幹，早熟得像個小大人，不像同齡中的孩子。」「是啊，我教過他幾年，也早發現了。」另一位老師應和著。

老師，謝謝您們的謬讚，但我最在乎的是「早熟的小大人」這幾個字，因為它意味著缺少一般孩子應有的純真、活潑與快樂，也可能意味著某種歲月的遺漏。

於是，我開始好奇的思索著：為何與小兩歲的堂弟同班，而生日卻又晚兩天？放假的某天，挖完蘆筍，和母親在蘆筍園的大樹下乘涼時，終於難忍地開口了，向母親追問起關於我真實的年紀，這個令我百思不解的問題。

「讀書，多問點；生活，簡單點，少問點。」母親略顯不耐，但就像個尋根的浪人般，我又豈肯放棄。

沈默很久，母親仍沒回我話，只是出神的望著這一片藹藹翠綠的蘆筍園，眉宇緊蹙，似乎穿梭著時空，細數著一段曾經遺忘的歲月。

不久，母親突然短嘆地說著：「其實，能活下來，算是奇蹟，也算我們母子有緣，那時候，為了你，我曾和你父親有過多次的爭執，也曾讓你阿嬤不太諒解，……唉！都過去了……。」母親欲言又止，似乎想打住、想塵封卻又想讓我明白，無意識地拿起枯枝在地上無意識地勾劃著。

良久後，娓娓道出：「你真正的生日是在民國五十二年的中秋節，原是個好日子，一出生就有大又亮的月亮可賞，多好命，我本也期待你的命能如中秋月一樣，一生圓圓滿滿，明明亮亮，誰知，你出生不久後，不幸的事降臨了，你罹患一種怪病，一直莫名的高燒不退，和經常性的拉肚子，那高燒是種燙手的燒，而非一般風寒的溫燒，原以為拉肚子是因下工回家太晚，餵你冷奶之故，因而後來餵奶前，我會先將乳房搓熱再餵，惟只稍有改善。家裡沒錢，我和你父親只好四處向鄰居及村人求助，也求偏方，但仍罔效，後來借了錢，與你父親帶你去看了幾次醫生，打了針也吃了藥，燒偶爾稍退，隨即又來，日子一天天過去，仍未見好轉。」

「奶在乳房內，為何會變冷？」我好奇的問著。

「女人產後會定時漲奶，要即時餵奶或擠掉，否則久放就會變冷奶，冷奶如冷飲，不宜餵食幼兒，嚴重時會引發腸胃炎。」母親耐心的為我解疑。

「後來，問題更嚴重了，你陷入了嗜睡狀態，呼吸甚微，每次半夜醒來第一件事，就是將食指放在你的鼻頭上，看看是否尚有氣息。小孩子哭就代表著不舒服或肚子餓，如果你半夜哭了，怕太吵人，我就把你抱到廚房或屋外，包括阿嬤和你父親，每個人都認為你應該養不活，只差沒叫我放棄，我總是不捨的掉淚，縱使已病入膏肓，孩子永遠是母親的心頭肉，沒當過母親的人是不會明白的。」

喝了一口水，母親試著整理一下思緒：「之後一兩個月，仍不見改善，依然高燒、吐奶和拉肚子，哭累了就睡，睡醒就哭，記得我曾催你父親去報戶口，你老爸回我：『養得活再說，報戶口還要銷戶口，麻煩。』在他看來，彷彿你早已在他心中判了死刑。說實話，我也曾這麼想，只是不死心罷了，那段日子為了照顧你，荒廢了農忙，曾幾度與你父親有過爭執，但我堅持，沒有讓我親眼看到你斷氣，我絕不放棄，仍不斷到處求藥、求偏方，也求過村裡和村圍附近大大小小的廟宇和神明，有廟拜到無廟。」母親款款的述說著她的傷心、無助和堅持。

「在萬般無助的情況下，我曾跪求老天：既然讓我生下，就應該讓孩子活下來，平安的活下來，孩子的病痛折磨，一概由我這個做母親的承擔……，難道讓孩子一來到這個世界，就飽受怪病折磨，這就是老天爺對一個小孩的庇祐和恩典嗎？是不是連老天爺都勢力眼？聽不到窮人的聲音？看不到窮人的眼淚？但老天爺您應該很清楚，往往是我們窮人家拜得最勤、最多、也拜得最虔誠。」母親的情緒略顯波動。

「唉！只可惜，或許我拜得心急，拜得不誠不敬，非但不見你好轉，更糟的是，接下來你的頭開始長瘡，全身紅疹，稀而翹的髮間佈滿膿皰的瘡癤，猶如流浪狗身上的癲痢，別人小時候總是人見人愛，爭著親，搶著抱，唯獨你，人鬼都退避，活像惹人厭的癲痢狗，你現在頭上的幾個疤，就是當年臭頭所留下的。」

竟能用這麼辣、這麼美的方式質問上帝，也能用癲痢狗來比喻我的臭頭，了不起的母親。然而，雖形容得如此憐楚不堪，但母親仍顯露著堅定而認真的神色。

「有一天，看見你奄奄一息，氣如游絲，我向你父親要錢就醫，連要了幾次，他沒回我，我氣哭了，大聲對他咆哮：孩子病成這樣，你卻不吭一聲，難道要放著等死？你父親蹙眉看了我一眼，沒生氣，沒給錢，也沒安慰我一聲，沒聲沒響地轉頭荷鋤下田去。」

「我哭了，無助地哭了很久，直到你的哭聲打斷了我，我抱起你哄著餵奶，決意帶你去麥寮看醫生，將你揹好後，順手伸入你父親吊掛牆上的褲袋中，才發覺只剩一張一塊錢的紙鈔，連翻了幾件都空無一文，頓時，心，沉盪到谷底，坐在床沿再度啜泣著，悲恨中將那一元紙鈔搓成團，狠狠地丟向窗口，只是不停地哭泣，不停地咬牙怨恨著，恨自己，恨這個家，更恨貧窮……。」說到此，母親掉淚了，但也異常平靜。

「後來，也是你的哭聲打斷我，彎腰撿起那一塊錢，赤著腳，毫不遲疑地快步走向麥寮，沿路上，想著你父親為何對自己的孩子見死不救？為何不吭一聲？當掏完他所有衣褲的口袋後，我終於明白。女人，天大的委屈可以咆哮地大哭大鬧一場；男人呢？只能有無聲的悲，和不能有淚的痛。」

「你有念書，我問你，當時我和你老爸，誰的心較痛？」母親突然抬頭向我提問著，我噘嘴未答，也不知如何回答。

實在夠犀利，母親竟能把父親的表情描述得如此冰冷，又可以把父親的心轉折得如此滾燙。

丟掉無意間畫折的枯枝，母親繼續說著：「由於沿路快步疾走，導致你又吐奶又拉屎，我就用背後這條溪水幫你洗滌。到了診所門口，摸摸口袋裡那張摺皺的紙鈔，來回踱著步，是窮人的羞愧吧！要來時疾走，到了反卻猶豫在門口。然而，不管如何，進去再說！」

「推門進入，許良琴醫師親切笑迎，將你躺放在小病床上，看你癱軟的小身軀，彷如麻醉過反躺的小青蛙，醫師問了病情，再用聽診器觸診後說：幾個月前不是來看過？一直都還沒好呀？唉！拖太久了，也實在病得太嚴重了，帶回去吧，能活就養，不必要浪費錢。」

「一聽完，我的心被醫師的話掏空了，失神呆立，一回神，本有跪求醫師的衝動，但我沒有，也沒哭，應是早有心理準備的原因吧！」

是的，醫囑之言，只是讓母親更進一步確認而已，人，總是這樣，混著不安與期待時才傷心，有了答案後，縱使是不治的惡訊，反而因確定而坦然。

「我揹著你，緩步走出診所，茫然地在街上走著，宛如無主的幽魂，直到經過一間雜貨店，才定神買了一支棒棒糖，你當時太小，根本不會吃也不能吃，你應知道我的用意吧。」母親右手托腮，眼，出神，彷如飛越時空藩籬，清晰的緩敘著。

「回程臨涉溪前，將你由背上放下，捧在手掌心端詳一番，你沒穿衣服，只是用破衣布包裹著，和一條補綴的花揹巾，同樣是孩子，人家是掌上明珠，而你卻彷如只是一塊破布包裹的過期肉！最終，我決定了，邊涉水邊啜泣，一上溪，在右下方林投樹旁（恐怖角），臨溪沿的蔓草叢邊，輕輕地把你放下，跪泣一旁，淚水模糊了你的臉，模糊中盡力地再將你看個仔細，彷彿那是我們最後的一面，也是最後的情緣。」

「著實有萬般的不甘與不捨，但不捨又如何？是命吧！我終於認了，幫你拉整布衫和揹巾，也將棒棒糖置於你的小手上，那是我第一次為你買糖，口中喃喃念著，費盡了一切苦心，還是留不住你，希望你來生睜大眼，選一戶好人家，不要再轉世到像我們這樣的窮人家，折磨了我，也苦了你自己，等大潮來溪水漲時，就會順著水流把你帶走，帶你去一個很遠、很美、也永遠沒有病痛的地方。」

第一次聽到母親當年要用一支棒棒糖了結我不滿週歲的人生，母親說得很傷感，我也聽得很入神、很有趣。

「後來呢？」我急問著。

「丟下你後，我邊走邊拭淚，緩步爬坡走了十幾步時，突然聽見你的哭聲，我原地呆立著，心想，該不該回頭？我是不是該回頭？但你每一聲的哭泣，都如一把利刃刺剮著我的心，於是，我不捨地急奔回頭抱起你，就這樣再把你帶回家。孩子的哭聲永遠是每個母親心中最不忍的一首悲歌，一聲一音符，挑刺心坎，尤其是在那生離死別的一瞬間。」

「後來，我又是如何被救活的？」

「那年代的醫療資源本即相當匱乏，我們住在窮鄉僻壤的小村，離台西街上八公里遠，離麥寮街上較近，約四公里，但需跋涉這條新虎尾溪，家裡連腳踏車都沒有，病了只好求神、求偏方，你得了怪病的事，後來村人都知道了，大家都認為你因長期高燒，頭殼早就燒壞了，即使救活，也可能是個智障兒，這是為何大家要我早早放棄的原因。抱回家後，沒再求神拜佛或找偏方，只是順其自然地餵奶，惟你仍一如往常的發燒、臭頭、拉肚子和嗜睡，病情未有分毫進展。

「突然有一天晚上，庄仔內有位叫『林憨犇』的阿伯，拿來一帖中藥草，吹擂著可治百病之類的大話，你父親給了他兩毛錢還連聲稱謝，其實我和你父親並非真的相信，只是半年來，我們對你的怪病已完全無計可施，只要有絲毫的希望，都會讓我們喜出望外，死馬都要當作活馬醫了，更何況是自己的小孩。」

「真的就是那帖中藥草把我救活的嗎？那個姓林的阿伯是什麼人？現在還健在嗎？」我急問著。

「你別吵別急，讓我一次詳詳細細地講完。」母親認真的講述著一個差點失傳的故事，一個屬於我們母子間淒美的生死故事，努力的思索著每個小細節，深怕有任何疏漏。

「第二天一早，我將信將疑地依阿伯的囑咐熬煮，六碗水煎熬成一碗，分三次喝，當早即餵了一次，可能藥太苦，你大哭，我不管一切，硬餵了好幾湯匙，半小時後準備幫你餵奶，不意發現你喚不醒，就連睜眼都沒有，如我剛才所述，你癱軟的樣子，像極了一隻麻醉後反躺的小青蛙。那時，我以為你將要死了，急告你父親，他只淡淡地說：還有呼吸就好，妳留下來，搞不好需要做點處理。順手捏一下你的鼻子和枯瘦的臉頰，面無表情的看著我，也面無表情的戴上斗笠，荷鋤下田去了，彷如向你作最後的道別。」母親的聲音陷入了哽咽。

「既然叫不醒，就任你一直昏睡，心也想著，如果真死了，要將你埋在哪裡？最後拿定主意，如果你真的命薄夭折，就把你埋在家後面大沙崙上的樹叢下。我約隔半小時叫你一次，摸一下鼻頭，探你鼻息，還是叫不醒，只是一息尚存，就這樣，你整整昏睡兩晝夜，沒吃、沒喝、也沒哭，直到第二天半夜，全家人被你的哭聲吵醒，我急抱起你餵奶，意外的發現你的燒退了，過幾天後，你沒復燒，也較有活力，這才確認你已漸癒，但這時你早已滿周歲了。」母親略顯寬慰。

「然而，雖然救活了，但也開始擔心你會變成低能的智障兒，我和你父親常逗你，並非你可愛得人疼，而是在測試你的反應，家裡孩子多，著實無力再養一個智障兒。……說實話，你小時候頭大、眼大、肚大、又枯黑，一臉黑鼻涕，又不太會說話，活像電視裡非洲難民營中飢餓的貧童，也像個大眼的蠢蛋，沒想到現在還壯得像個人樣，那場怪病，折磨得我好苦好苦，也差點拆散我們，但只要孩子平安，為母者又何所求，謝天謝地。」母親的語氣逐漸轉為清朗。

「實在是煎熬的半年，為防萬一，我和你父親並未馬上為你申報戶口，等兩個堂弟出生後，才和你三嬸四嬸抱著你們，一起到戶政事務所申報戶口，為免被罰，當然謊稱剛出生，而戶政人員表示，一家妯娌三人同一天生下三個男丁，沒人會信，因而分拆三天登記，至於你由大哥變小弟一事，我也不清楚，我們不識字，任由辦理的人處理，只要不罰錢，就沒理會、沒計較了，這就是全部的事實。」

「那年代，衣物兩缺、交通不便，醫療匱乏，晚報戶口是常有的現象，能活著就要感恩，你能救活，更是奇蹟，更應感恩，沒晚報那一年八個月，就代表你早就夭折，早就不在人世了。每個人的生命，或多或少都會有缺陷，能平安活下來就好了，還計較早熟或臭老的問題嗎？如果燒成智障兒，你還會懂得計較嗎？想想，應是你偷了人家兩歲才是吧！」母親詭異的笑著，摸摸我的頭，應是慶幸我沒有變成智障兒的欣慰吧！

因為無意間聽見老師一句「早熟的小大人」，第一次揭開關於我真實年紀的小秘密，也第一次見識到母親描繪故事的功力。

「父為天、母為地」，每個人，往往都因父母親的一個不死心，一份獨排眾議的堅持，而改變了一生，讓生命得以延續，靈魂得以救贖。為了孩子，他們甚至可以義無反顧地，用最嗆、最美的方式去質問上帝。

從今而後，不會再去計較那被怪病偷走的一年八個月，一段消失的歲月，成就了一個無憾的人生。

母親，感謝您的堅持和不死心。

13. 分水嶺

冷餓的人需要的只是一餐的溫飽，溫飽的人需要的則是掌聲和讚美。然，掌聲和讚美對飢寒交迫的人而言，只是一種無補的存在，換不到一個嘴角的淺笑。

在民國六、七〇年代，即使存在著城鄉差異與資源分配的極度不均，然教育，乃是窮人唯一的希望；考試，是不公平中稍具公平的制度，也是窮人尋求出人頭地的捷徑。

小時候，村人嚮往著四十公里外的虎尾，而虎尾人卻嚮往著數百公里外的台北城，虎尾是村人的天堂，而台北又是虎尾人的天堂。

是的，每每看著鄉里的農民，只是在這片貧瘠的土地上，不停歇地流汗和勞作，所求的，也只是那起碼的溫飽，但那是個衣食兩缺的年代，不間斷的失學、貧窮和飢餓，很多人都曾有想逃離那片土地的念頭。猶記得，小時候唸著書本上「解救水深火熱的大陸同胞」的愚民文章，如今想來，猶如乞丐吶喊著解救乞丐，真是諷刺的年代，政府對那年代那群因貧困而失學的人，存有一份被遺忘的社會道歉。

就我們家族而言，大哥的成就，是源自於個人刻苦勤勉，然受教育的福份，乃得自犧牲三個堂姊和二個姊姊之蔭。而自己，能受到較為完整的教育，當是大哥大嫂的栽培，然論遠因，也是犧牲兩位姊姊的受教權而來。

那是個充滿諷刺的年代，也是充斥女性歧視的年代，很多家庭的很多女孩，貧窮，剝奪了她們最基本的受教權，遮斷了她們該有的求學路，也遮斷了令她們不敢奢望的未來，所以我始終堅持地認為，對她們而言，那確實是一個早被遺忘的社會道歉。

村子裡沒有柏油路，沒有紅綠燈，沒有幼稚園，雖村廟有個附設的托兒所，但並沒教小孩讀書識字，只是村人農忙時將孩子托給所方代為臨時看管而已，每早十點，老師會沖煮一大壺熱牛奶，這是當年村裡孩子們最期待的聖品，也是堂兄弟姊妹唯一能喝到牛奶的地方，別人上幼稚園是為讀書識字，我們上托兒所卻僅只是期待一杯熱牛奶。

「心比天高，命比紙薄」，也不知自己是否天生賤命，第一天上托兒所，一喝完牛奶，立刻在廟階上拉了一地，濕著內褲和雙腿，糗死了，哭著由堂姊拉回家，小小年紀已懂得羞愧，不敢再去托兒所，也不敢再喝牛奶，那是我對托兒所唯一的記憶。

小一開始學注音、寫字和簡單的數學，第一次月考兩科總合一百七十分，竟是全班第一名，令人羞愧的第一名，到現在都還莫名其妙。

常聽說街上或城裡的學生，滿分是家常便飯，少幾分就會被擠出十名外，我的成績在別校可能是倒數第一名吧，真是離譜的城鄉差距！但也沒想太多，反正上學只是為了識字，識字也只是為了不想被稱為文盲；且上學的另一個好處是不用下田工作，一群同齡的孩子野混在一起，誰前茅誰殿後，也沒人太在乎。

說了也許沒人相信，家裡曾窮到連橡皮擦都沒有，寫錯字只好用口水塗抹，白色的習字薄，經常到處是口水塗過的黑糊圈，為此，還曾被老師鄭重地告誡過：不管你是不是第一名，再塗寫得那麼醜，就把你編到放牛班。

編到放牛班？也無所謂，反正家裡也無牛可放了。

後來知道「放牛班」的真義，經常拼命的趕在放學前寫完功課，寫錯字時可以向同學借橡皮擦，也經常幫同學寫功課、畫畫或作弊，以換取半截的鉛筆和小塊的橡皮擦，小小年紀就精得學會取巧做小生意。

為了維護小小的自尊，也為了逆境求存，人的能力往往因需要而提升，即使是一份帶有小小邪惡的能力。

「自幼家貧，故學會許多鄙事」，記得大哥在其自傳中曾載寫到：「因經濟因素，沒能給弟妹及子女們多些才藝之學習機會，深感內疚和遺憾……」大哥，雖不會貝多芬與莫札特，但我們會鄧麗君和鳳飛飛；雖不會下圍棋，但我們會打麻將；雖不會心算，但我們會算錢；雖沒上過繪畫班，但我們依然還是淺懂文藝復興和印象派的由來、興衰與精神。

鄙事不是壞事，「乞丐猶能捨讓一碗飯」，那是種高尚的情操，因為窮人的捨得更令人動容，不是嗎？當年，大哥已傾盡所能與所有，窮是苦，但至少我們曾經享有苦在一起的心酸和幸福，也窮得沒有成為敗家子的機會，大哥，就是當年那個猶能捨讓一碗飯的乞丐，那個令人動容的乞丐。

從小最喜歡畫畫，住在海邊，看慣了潮起潮落，渴望山，卻從沒看過山，每每看見夏季午後西北雨前，天邊濃密厚重且變幻多端的烏雲，一直以為那就是山，好奇的痴想呆望，直到被那又大又急的雨滴打醒。

沒看過山，卻渴望山，也喜歡畫山，每次都把山畫成麥當勞的形狀，畫不出山的多情和神秘，但對色彩卻有特別的敏感和敏銳。國二時加入美術社，對美學有很大的憧憬和迷戀，喜歡席德進南派的渲染美，也喜歡藍蔭鼎北派的寫實工，更喜歡印象派高更、莫內、羅特列克、塞尚及梵谷那遙不可及的光點和燦爛。

然，也因大半的時間用在美術習作上，過度的投入和迷戀，而對未來卻顯得有些迷惘和茫然，功課退步到僅能維持在中上程度，頓時陷入了煎熬的兩難。

高一時，獲得全縣美術比賽高中組第一名，超越所有高年級和美術科的學生，興奮得暗下決定——要讀師大美術系或藝術學院，並以畫家為終生職志。

但，這樣的決定在一個月內被徹底的粉碎了。

美術老師帶我到斗六公園救國團領獎時，看到了心目中的大人物——縣長許文志。頒獎前，在突來掌聲的引領下，回首一瞬，看見一輛氣派光亮的黑頭車緩駛而來，隨扈打開車門，彎腰躬迎，只見縣長一頭油亮，一身筆挺，和一臉燦爛的笑，裡裡外外所有人列隊哈腰鼓掌躬迎，好大的陣仗，好大的榮耀。

許縣長是我們村裡傳奇的大人物，在鄉里間流傳著許多歌頌的傳奇事蹟，從小寡母撫養長大，努力奮進，文化大學法律系畢業後，又留日攻讀政治，最後返鄉當上縣長，可謂衣錦還鄉，光宗耀祖，是年輕人的標竿和典範。

從他手中接過獎狀時，我投以興奮而崇拜的眼神，所有人熱烈地鼓掌喝采，我深明，那喝采只有一半屬於我，一半屬於縣長的場面，於是暗下決心，我要選讀法律系，總有一天，我也要像眼前這個眾所矚目的大人物一樣，榮歸故里當縣長，和他一樣的光鮮筆挺、眾人擁戴和光宗耀祖。

回家時，急從書包中拿出獎狀，興奮莫名地向大哥及母親邀功討賞，大哥向有美藝素養，不吝地大加誇讚；母親只是淡淡地說：「第一名賞什麼？」對獎狀連看也沒看一眼，我沒搭腔，斂收起興奮的表情，大失所望地收起獎狀，有點難過，一種想哭的難過，心中暗責著母親吝於讚美和崇尚物慾的不是，母親的冷淡奪走了我心中原有的得意和榮耀。

母親的漠視讓我極度不悅，整晚輾轉難眠，細數著多年以來，不論功課、美術、演講、寫作或運動，任何大小比賽得獎時，母親關心的都只是「賞什麼？」每次的獎品不是筆就是字典或書籍，她都是不屑的表情，偶爾還會補一句：「都賞一些不中用的東西，畫圖能當飯吃嗎？」妹妹得獎時也相同，母親的冷淡每每都讓我們很洩氣，這一次，又開啟了我抱怨的心門，怨父親，怨母親，怨貧窮，也怨自己，小小年紀，心中就雜陳著大大小小的抱怨。

埋怨後的一瞬間，轉念地想著，如果獎賞的是一條麵包，一包米，甚或是一台電視，或許母親會開懷的讚賞。

就家境與母親的角度而言，或許一個麵包的獎賞，遠勝於一支筆和一本書。母親每天死命活命的勞苦，為的也只不過是一家大小三餐起碼的溫飽，對母親而言，所有無關溫飽的努力，都只是一場白工，極度的貧困，導致極度的物慾，極度精神上的貧乏，但也極度的實際。

冷餓的人需要的只是一餐的溫飽，溫飽的人需要的則是掌聲和讚美。然，掌聲和讚美對飢寒交迫的人而言，只是一種無補的存在，換不到一個嘴角的淺笑。

如果所有的第一名都改變不了貧窮，那麼，對我們家而言，第一名也只是可有可無的存在，聽多了關於藝術家的浪漫與潦倒，除非頂尖，否則再美的一幅畫，也無法改變飢餓窮困的現實，許縣長光鮮的氣派與母親淡然的態度，更堅定了我的決定，藝術美學，就留待生活之餘或來生吧。

於是，逐漸的淡出美術教室，淡出所有比賽，每每路經美術室，看見自己的作品與多位知名的學長姊的作品一起掛牆並列，供學弟妹們觀賞臨摹，總有一份不捨的流連，和一份若有所失的惆悵，就如離開心愛的女朋友般，分手，是對未來人生路一種最割痛而美麗的成全。

性格決定了命運；價值觀決定了人生觀。

那年夏天，是人生第一次的抉擇，一個月內，一場比賽，從浪漫到現實、感性到理性，從美術到法律，許縣長的頒獎，和母親對第一名的淡然，是我人生抉擇的分水嶺。

蛹破繭化成蝶，筍落籜方成竹，蝶飛竹影，美彩人生。

曾經因對美術過度的迷戀，使功課日益退步，迷戀變迷惘，一次意外的第一名，讓我選擇了浪漫的人生，母親一句「賞什麼？」，把我從浪漫中拉扯回現實，讓我更實際的看待和選擇未來的人生路，雖沒能力也沒條件當縣長，但衷心地感謝老縣長和母親，您們給我一個夢，給我一個選擇和負責的夢，雖難斷得失，但我不在得失間後悔；雖無成蝶成竹，但我已悠遊於蝶飛竹影，享受於美彩人生。

14. 魔咒・無言

一句「可能考不上」的陰影，在心中如影隨形地纏蝕和蔓延，我依囑，小心翼翼地擦拭著全身的每一寸肌膚，彷如清洗著一道道因被詛咒而潰爛的傷口。

命，你算過嗎？你相信嗎？

人，應該相信自己，信賴別人。

自信，是生活中圓滿成就一件事的基礎，基礎一旦打破，任何事的成就或圓滿，都將顯得遙不可及。

人生中，總有一些事，會偶然走進你的生活中，也許是一個幸運，也許是不幸，然，不論幸與不幸，都將刻畫成生命裡永難抹滅的印記。

三十歲以前，我一直在尋找屬於自己真正的自信，也在尋找著對別人的信賴，始終堅信，相命，只是反射一個人的迷惑與脆弱。自己相信命運，卻不相信算命，因為算得好命盤，往往會讓人得意忘形而誤判情勢；壞命盤則會成為一個人無法超越的心障，如影隨形的纏繞在你的生活中。

決定念法律後，淡出美術社，高二時用整整一年的時間，以壓抑方式自我淬煉，試著抽離對繪畫的那分迷戀，也試著逐漸為即將到來的聯考加溫，終於，在高三上學期的某次模擬考，考了全班第一名，那是國二迷上繪畫後少有的好成績，令我喜出望外。

某次放假回家，臨返校前，三嬸、四嬸及母親突然走到我面前，滿臉嚴肅，拎一個袋子交遞給我，裡面置放了三個黃紙包，當我納悶不解時，母親開口說：「前幾天，我和你嬸嬸去找你四叔的好朋友，是一個叫『洪仔』的先生，請他幫你和堂弟算命，他說你自幼功課就很好，但考運不好，聯考很可能考不上，大考將屆，我們請他幫忙，他很熱心，給了三份加持過的靈符和一些去邪改運的藤草枝葉，你到校洗澡時，先將草葉浸泡在臉盆中，再將靈符燒後放入臉盆，一起攪拌後從頭到腳全身擦拭淋浴，每天一次，這樣可以幫你除穢、驅霉、改運和補運，有助你的考運。」

「洪先生說你是很會念書，但就是考運不佳，他在算很準，你要照他的吩咐去洗，我們都希望家族中的孩子每個都能寸進，都能成龍成鳳，你不要鐵齒。」「我也有幫阿山求一份，希望你們兄弟明年能一起順利考上大學。」四嬸、三嬸一旁囑咐著，語氣嚴肅而期許。

聽完，我漲著臉，憤怒的淚幾乎奪眶而出，趕緊側臉滑出她們的視線，沒應一句話地轉身走向車站，一路上停不住的淚。

幾度咬牙，很想狠狠地將三包所謂的「靈符神物」丟進臭水溝，但，當年我只是個高中生，哪來的勇氣，只是滿腔無名的恨。

上了公車，還是停不住的淚，任憑司機和一車陌生人異樣的眼光。

天啊！怎麼可能？怎麼會這樣？第一名的心火才開始熊熊的燃燒，竟被突然的一盆水澆得如此冰冷，冷縮到幽冥的絕境。

洗澡時，選了最角落靠窗的一間浴室，打開黃紙包，一堆枯枝亂草和樹葉，一大張畫著凡人看不懂的符咒，茫然呆望，再一次地，在相信與不屑間猶豫與憤怒。

最終，我選擇了姑信，但這也開啟了自我懷疑的心門，自信的堤防日漸潰決，也注定了兵敗聯考的必然。

母親及大哥大嫂捨盡所有栽培我六年，考不好都已是罪過了，如果算命仙說得準，我將如何面對江東父老？強烈的好勝心加速了恐慌心理的蔓延。

「不可能，以我的成績，絕不可能……」，我不斷地自我心戰喊話和自我防衛，然，惶恐不安卻也不斷地高漲和擴大，不斷地反撲和吞噬著我僅存的信心。

一句「可能考不上」的陰影，在心中如影隨形地纏蝕和蔓延，我依囑小心翼翼地擦拭著全身的每一寸肌膚，彷如清洗著一道道因被詛咒而潰爛的傷口，擦完後，我將一大盆水從頭澆淋而下，再狠狠地將臉盆摜摔在地上，兩手拳握重捶在牆上，痛哭失聲，任由蓮蓬頭的水不停的沖刷，凶狠不甘的眼神，一直浮映著那張紅黑亂筆交錯，和彷彿被下咒語的「靈符」，心中吶喊著：「不可能，絕不可能，我一定要超越……」。

那年，我十八歲，假裝著逆來順受，但心理上卻從來沒有超越過那道鴻溝，很顯然，那盆水並沒有讓枯萎的心樹復甦，而是加速了死亡，彷彿從母親講完話的那一刻起，一切早已在冥冥中注定。

幾個月後，成績逐漸恢復水平，但懷疑命運的心障卻沒停過，且隨聯考的逼近而日益高漲。

最終，除了放棄後的最後一科地理外，沒一科寫完，草草的結束了聯考。

考完當天下午，在斗六圓環的公共電話亭，打了一通電話給大哥：「大哥，對不起，考得很差……，對不起……。」泣不成聲中掛了電話，哭趴在電話亭內，久久不能自己，彷如世界末日。我想，電話那頭的大哥應該更難過吧！

那天，確實曾是我生命中的世界末日。

母親，是典型的村姑農婦，信仰甚篤又認命，當年，也只是在殷切望子成龍之下，希望助我一臂之力，不敢有太多的數落，畢竟那是一個母親最純善的初衷。

警大和東吳法律，是上天藉由母親對我命運的另一種安排，是殘忍的恩典，往後許多年間，我都生活在難以甘服的殘忍中；然，殘忍後的更多歲月，我卻享受在陰錯陽差的恩典裡。

每個人的生命，都被上蒼在某個時候，以不同的方式，深深地劃上了一道缺口，越想逃離，它卻越如影隨形。

當年的算命事件，我也曾有很多年的時間，痛恨著人生中的缺失，但現在我卻能寬心的看待和接受，當年，曾經因生活中的一個偶然，開啟了一個不幸，卻又轉折成一份生命中的福份。與其在母親的無心之失中怨懟，不如嚐試著感激那一份錯誤的恩典。

15. 兩難

自己雖能窺見項羽敗因，卻未能以古鑒今。怪天，當然越不過上天所設的那一道藩籬；怪命，當然走不出命運的窠臼，自以為是出類拔萃的佼者，實際上卻只是一隻不可語冰的夏蟲，和那不知天寬地闊的井底蛙。

年幼失怙，是上蒼在我生命中狠狠劃下的第一道缺口；兵敗聯考，是第二道，刀刀入骨，痛徹心扉。

猶記得，我們是先填志願後考試的最後一屆，從台大到文化只有七個大學設有法律系，當然我也只填了七個志願，簡單俐落，填完後盯著志願卡，喜孜孜地在前三志願法律系間來回的搜索尋夢。

椰林樹影，湖岸柳垂，還有一排長得看不到盡頭的杜鵑，肩掛小背包，胸抱著厚重的原文書及大法典，再不自覺地以指尖推推鏡框，裝得一副勤勉學問的模樣。離聯考尚有兩三個月，就已等不及竊喜著新鮮人的大學夢，心情蕩漾得如懷春的少女般，直到被突來的午休鈴驚醒。

也曾想，如果幸運之神肯多點眷顧，說不定還可以一圓台大夢，最後再延伸地圓一個縣長夢，我確實曾經多次如此不自量力地奢望過。

第一天考完，台大夢碎了；第二天考完，可能連大學夢也碎了；而心，也已伴隨著夢一起碎了，碎落在七月的艷陽天。

整整三年，夜以繼日的埋首，換得的只是聯考後的一個痛和恨，雖未放榜，然，結局已如人飲水，冷暖早自知，因而，沒有大考後的狂歡，整個心都被一股慚愧的哀愁深鎖，彷如勞苦多年的積蓄在一夕間破產般，即將面臨的，是一無所有的未來。

兩星期後，和幾個同學一起到台北開南商工參加「中央警官學校」（即現在的警大）考試，其實，說穿了，只是藉機到台北玩玩而已，聯考後，沒再碰過書本，因為所有的書已被燒光了，身上只帶著筆、准考證和些許零用錢。

考前一晚，五六個鄉巴佬一起逛夜市，大快朵頤一番，順便見識一下虛浮繁華的台北城；第二晚，一起到中華體育館看瓊斯盃籃賽——光華對希臘，匆匆草草地結束考試，結果如何，並不以為意，那是聯考後最快樂的兩天。

警大放榜了，包括自己在內，班上六人上榜，有人歡天喜地，而我，卻無絲毫喜悅，因為幾天後的聯考放榜才是真正的審判。

聯考後，一直不敢回家，第一次充分體會到「無顏見江東父老」之真義，寄宿在同學家，為畢業紀念冊的編輯做最後的趕工，真是一段煎熬的日子，雜沓起伏的心緒，彷如死刑犯聆判前的忐忑。

大日子終於降臨，不敢到校拿成績單，只因為，怕見到師長，怕見到同學的雀躍，也怕見到和我一樣落寞同學的眼淚，更怕污穢了母校的一草一木。那曾經是我最快樂、最熟悉和最風光的樂園，如今，卻因自己的一失足，所有的熟悉變得有種莫名的疏離。

一大早，從同學手中接過成績單，沒太多情緒，也沒有大哭一場，只是呆望傻想，良久後，嘴角不自覺的揚起一抹輕蔑的笑，輕蔑自己太拙的抗壓性，也輕蔑自己的心高氣傲和眼高手低。這份成績單只是人生中狠狠的一巴掌，也是告誡的縮影。

人生中，過程順利，結果未必順心，而「總算勉強考上」，這是給母親及大哥最起碼的交待，但，卻是一份不可原諒的交待。

那年代，由於城鄉差距，全村甚或全鄉，每年考上大學的人，寥若晨星，為鼓舞鄉民，鄉公所會在各村落交通要塞旁的圍牆上貼榜昭告，偶有哪戶人家金榜題名，鄰里間都會爭相走告，賀客盈門，我們家亦不例外。

某日黃昏，帶著羞怯返鄉，一回到家，驚見簷下大廳外牆上貼了幾張大人物賀送的紅榜，三合院的大埕上，還殘留著些許燃放過的鞭炮屑，榜上滿是「恭賀金漢同學高中——東吳大學法律系、中央警官學校——雙榜提名　立法委員ＸＸＸ賀」，斗大的字映得我滿臉通紅，令人羞愧的道賀，令人無地自容的雙榜，也是充滿諷刺的祝福，當年，我確實是如此的看待。

趁著家中無人，快速偷偷地把紅榜撕下，好比男人急著脫下變裝的胸罩，因為對我而言，那是痛苦的恥辱，也是荒唐的祝賀。

獨自走到廢棄多年的舊豬寮，試圖找一個杳無人煙與落塵的地方，做一個悲壯的自療。這裡，除了母親圈養的幾隻肥雞外，空無一物，在夕照的輝映下，更顯殘寂落寞，好比我那被聯考強暴撕裂的心，在仲夏的黃昏裡，見冷不見血。

無聊地撿起碎土塊，欺負逗玩著飛跳四竄的雞隻，當我停手不動時，每隻雞都警覺地翹首引頸盯著我，「看什麼看，難不成你們是在笑我考不好？」

是的，失意的人總是特別敏感，彷如被你欺負的每隻雞都在欺負你、嘲笑你，受驚慌的眼神是在鄙視你。俟群雞回復平靜，各自悠閒地埋首覓食時，突然感覺到群雞的無辜與友善，心想，至少牠們不會開口問我：「嗨！臭小子，聯考考得如何？」

實在可悲！竟連一隻雞都能挑起自己脆弱而敏感的神經。

晚餐時，母親幫我夾了一支雞腿：「這次回來好像又比上回瘦一點，是不是聯考太累了，來來，多吃點，今天現殺的，趁鮮也趁熱。」

明明都已胖得像豬了，還是每次都說比上回瘦。

「哦！好。」我心虛地虛應著。

「這幾天，村裡很多人都知道你考上大學和警官，逢人就向我恭喜，人家都說你很行，警官很難考，不用學費，不必當兵，畢業後就有工作，而且是當官，是公職人員，薪資待遇及福利都很好，也很穩定。」母親有如程咬金般，突然冒出放榜以來從鄰里街坊聽聞的點點滴滴，顯得興奮且篤定的簡敘著。

「嗯，……」本不想回應，但見母親認真的模樣，只好以低得幾乎聽不到的聲音應著，但我真的很想離席，暫時不想談此事。

大哥大嫂坐對面，一直沒開口，我假裝若無其事，自慚心虛到連夾個菜都顯得不自然，偶爾眼神偷瓢一下，試圖解讀大哥的心情與想法，大哥向來吃得簡單而清淡，情緒上少有起伏，但從他超平靜的表情，我讀得出他的失望。

直到餐畢，我們沒有再多聊，我幫忙洗碗，試圖多做點家事彌補些什麼。

當大家在客廳看電視時，我獨鎖在房內，等大家就寢後，我悄悄地偷開了電視，看得正入神時，突然聽見母親的拖鞋聲，我沒閃避，該來的總是要面對。

「晚餐時我講的話聽進去了嗎？」

「嗯，聽到了。」

「是嗎？看你的樣子，好像有聽沒到？」

「有啦，有聽也有到啦！」

「那你決定了嗎？」母親透著咄咄逼人的語氣。

「我……，我會考慮，我會問問大哥的意見，我們過兩天再談。」我吞吞吐吐地想支開話題。

「不是考慮，是決定。」母親再一次近逼，將你逼向妥協的邊緣。

「……，阿母，你的口氣是叫我答應，而不是決定，我能不能……。」

母親不等我說完：「每個人都說，警官不用學費，不用當兵，是很穩定的公職，待遇又好。聽說你大學考上的那個系是私立的，要念五年，學費很貴，念完還要當兩年兵，來回就差三年，三年就是三十六個月，三十六個月的薪水，是一筆可觀的收入，何況少花的還沒算呢！……又聽說什麼律師法官的……很難考，一年錄取沒幾個，……你二哥打電話回來，要我勸你念警官，……子姪們都漸漸長大了，也開始花錢了，你知道的，這些年來，你大哥的擔頭很重，生三個卻得養六個，阿母種田沒什麼好收入，你老爸又早逝……，要聽話，讓你大哥喘口氣。」母親又開啟了軟調子的唱功。

「還有一個多月才……」本想開口，隨即收嘴吞下，然不聽話的淚水已在眼眶裡拔河。

「從小，你就心比天，命如紙，自以為是，有心也要有那個命，人有時難免自私，但也要自私得有點道理，雞腿不挑挑雞腳？……，話說回來，是你自己考不好，怪誰？考不好就該安份，該如何決定？你自己好好想清楚。」母親顯然已對我失去了耐性，話越說越重，也越生氣。

臨回房時，又回頭輕輕地補了：「這些年來，你大哥從不說苦，不說苦不代表沒苦，而是……有苦難言。」

「我該如何？」大字型的癱躺在床上，任憑刀割心、淚濕枕，滿腦子不斷地浮映著母親「……，是你自己考不好，怪誰？考不好就該安份，……不說苦不代表沒苦，……」的勸語，滿懷的亂，一夜的淚，淚枕難眠。

之後，一連多天，大哥還是沒開口，也沒給任何意見，日子一如往常，平常得讓我這個當事者感到不耐，一種瀕臨爆發邊緣的不耐。記憶中，大哥只在眾人交聊時說過：「東吳法律也不錯」及「……由我弟弟自己決定，我不會給太多意見」兩句話。

曾經數度找機會想開口，也曾無數次試著揣測大哥的想法，也曾認為，大哥的沈默，是對我一種失望的懲罰，心中雜陳著一團狐疑，最終，還是沒定論，總不該母親的決定就是結局吧？我已開始後悔著當時不該貪玩上台北。

選擇，有時候比沒有選擇的餘地更痛苦。

除了大哥和初中導師莊勇夫外，大多數的人都勸我念警大，尤其是母親，其實，我最期待的是大哥能主動親自開口給我第三條路。

警大入學報到通知書寄來了，母親以「我拿去拜拜謝神」為由，強行「扣押」了通知書，只因為母親不信任我，怕我毀了它，爭執也沒用，拿去一拜就拜兩星期，好聰明也好爛的藉口。以現今法律而言，那是精神家暴，也是妨害自由，然觸法的背後，也包裹著一個母親最純善的初衷。法律，無法也不應苑囿一個母親的純善。

警大報到前一天，母親發還扣押物，說眾神示意念警大好，再三叮嚀要大哥陪我北上，還預告說我會「跳機落跑」，但大哥拒絕了，就像拒絕二哥從軍受訓時去會客一樣，他讓我們自己走，平坦也好，崎嶇也罷，踩得過就是路，一條永遠屬於自己的人生路。

妥協有時候可以讓一個人得到更多。是的，這一次，我妥協了，向母親妥協，也是向命運妥協。

早上十點多，所有新生都已報到完，我還猶豫地呆坐牆角，一個落寞的人數著一顆落寞的心，暗想著，來到這裡，算是我孝順母親的妥協嗎？不，我認為那只是自己向命運徹徹底底的投降，因為我連基本妥協的條件都沒有，妥協只是自我美化，結果就如男人抹脂擦粉般，塗抹再多，也只是一種醜陋的美麗。

心想，少許的自私應非是大惡吧！於是鼓起勇氣，打了一通電話給大哥：「大哥，我在警大，你要我念我就註冊，否則我想回去。」

「金漢，這節骨眼，我不能幫，也幫不了你，你得自己決定，十幾年來，我像父親一樣地供你念書，但畢竟我還是大哥，這關係到你的一生，任何人都無法替你選擇，你應先清楚且誠實地問自己，人生，你要的是什麼。」電話那頭，大哥條理的說著。

「有緣兄弟一場，我只是本分地做我該做也能做的，不要太抱怨，兩難是為難，但你要慶幸自己還有兩難的機會與能力。我只能說，你不用考慮到錢的問題，你念高中，我就想到你以後會念大學，和你大嫂按月從薪水中定額儲蓄，大學四年大約要四十萬元，這三年，我們已存好了，你念警大，我們意外多了四十萬元，如果你念大學，我們本來就準備好了，十多年都走過了，我們不在乎多五年，更何況有二哥一起幫忙。生活，我們一起擁有，但，人生路，你必須自己選擇。」

聽完，沒回任何一句話，我哭了，電話也掛了，掩面泣不成聲，令人動容的尊重，也令人無所適從的尊重，這是一個沒有答案的答案，也不是我要的答案，我要的是「不想念就回來重考好了」。

這是我深藏、期待且說不出口的第三條路，二十七個年頭過去了，如今想來，真不可思議，一個孩子竟能自私好勝到這步田地。

大哥的尊重，讓我深覺，自己那少許的自私是大惡，一種無可原諒的大惡，讓一個原本兩難的選擇變得無路可退，於是，我勸服我自己。

但，一報到完就後悔了。

午餐第一口飯剛送到嘴邊，我哭了，淚和嘴裡的飯一起滑落碗裡，不理會旁人詫異的眼光，那一餐，我沒有吃，只是含淚坐到餐畢。

三天的警大人，兩個夜晚我都在熄燈後掩被大哭，想一個不太記憶的父親，想一個茹苦含辛的母親，想一個尊重到讓我必須退讓自我欲望的大哥。

第三天下午，大哥和四叔一起來接我，一見到大哥，我哭求原諒，宛如一個驚慌失措的小孩般，大哥將我抱個滿懷，拍拍我的背，和四叔一起安慰我：「沒關係，我們回家吧，沒事沒事！」

已是塵封多年的往事了，我想，真正的問題不在警大或東吳，而是兵敗聯考的羞愧及自私的好勝心所致，進警大（五十二期）前，我極度不快樂，暗泣了好幾回。而對母親及大哥太深的愧疚，誘發了我內心最深層的痛恨，恨自己不爭氣考不好，恨父親早逝不敢提重考，恨母親不該為我算命，恨自己只能聽任命運的安排和擺佈，心中有太多難以甘服的怨恨，但除了自己，我能怪誰、恨誰呢？

歷史學家咸認，項羽失敗的原因，在於窮兵黷武而未行仁道及封侯背叛，惟項羽烏江自刎前曾感慨：「天亡我也，非戰之罪」，我始終認為，怪天不責己，也應是項羽另一個重大的敗因。

然而，自己雖能窺見項羽敗因，卻未能以古鑒今。怪天，當然越不過上天所設的那一道藩籬；怪命，當然走不出命運的窠臼，自以為是出類拔萃的佼者，實際上卻只是一隻不可語冰的夏蟲，和那不知天寬地闊的井底蛙。

近三十年了，如今回首，警大和東吳法律都很好，是自己心態不好，始終蒙蔽在過度的好勝中，沈淪在不必要的倔強裡。如果人生可以兩度少年時，我不會讓自己與母親在兩難中煎熬，只因自己一個自私的堅持，兩全變兩難，喜樂變哀愁。

我想，除非你願意，否則沒有人能使你傷心難過，假裝堅強的結果只是更脆弱；當年，如果沒有上蒼在生命裡劃上的那兩道缺口，自己又如何能更誠善寬心地看待人生的崎嶇和坎坷。

有圓有缺是人生，缺憾何嘗不是一種圓滿呢？

被單的花色更絕，一面是染印著幾朵大紅的牡丹花，彷如貴婦身上的大紅旗袍，花旁還繡有「花開富貴」的金色字樣；另一面則染印著無數的小碎花，又彷如老祖母的窗簾布，真是「俗擱有力」，我當場傻眼。

16. 十二斤的回憶

棉被，是每個人除了衣服外，一生最貼心的存在，然而，除了大冷的夜，你會緊緊地擁抱溫存外，它卻常常被忽略地束之高閣。

人總是這樣，往往忽略了生活中經常的必然，自己亦然，不論厚薄大小，昂貴或便宜，已不知丟用過多少件，但櫥櫃中二十六年前的那條大棉被，縱使塵封多年，有些破舊，微散霉味，卻永遠窩心難忘，不捨丟棄。

這幾年，村裡的小孩，沒念大學的已是稀有動物，在我那年代，念大學的卻是寥寥可數，警大辦退後，原以為不免母親不悅的叨念，然，出人意表地，母親非但沒有太多數落，反而積極為我張羅著負笈台北所需的一切物品，其中最特別的是，一個月前到街上特別訂製的那條大棉被。

猶記得，乾爹開車前來搭載時，進進出出地搬了好多回，滿滿一車，最後母親抱出那條大棉被，眾人看了大笑，母親則正經地說著，不理會旁人的訕笑：「聽說台北天冷，尤其是冬天，經常是陰雨濕冷的天候，這是特大號的，十二斤重，是我請棉被店老板特製的，遠門在外，要保重身體，認真讀書，不要好玩，不念警大，大家都依你了，不要辜負了你大哥這麼多年來的栽培，聽說台北很複雜，五花十色，也聽說台北人……」細細的叮嚀著，這是母親這些日子以來，四處向人打探所有關於台北的種種聽說與瑣碎，把台北形容得像是北方雪國般的天寒地凍。

我只不過是到台北念書而已，母親的樣子像極了女兒遠嫁般的興奮和不捨，一牛車的嫁妝，一籮筐的叮囑，和臨行前不停止的淚與祝福。

曾暗想：為何家裡任何孩子出遠門，不論求學或工作，母親總是習慣性地淚眼相送，把送行搞得像送葬，沒一回例外。印象最深的一次是送十二歲的小姪女到村中搭車赴斗六讀書時，背馱著一袋大棉被，邊走邊拭淚，也邊叮嚀著要認真要小心的瑣細，小姪女在後尾隨著，似懂非懂地應諾和陪泣著，直到公車走遠了，才又拎起袖口邊拭著淚，緩步地走回家。我想，應是對小姪女太幼小就需離家的不捨吧！至今，恭逢當年那一幕的村人，都還經常和我們聊著那段令人啼笑皆非的前塵往事。

後來才漸漸地明白，母親八〇年代前的人生，所有的生活和勞動，不是那兩畝田，就是那片海，鮮少走出方圓十里外，孩子們出走的每個地方，不論遠近，對她而言，都是陌生的遙遠，父親逝故後，讓母親更執著於親情的依賴，更害怕親情的失去或疏離，每個人每一次的遠行，都會誘發她內心的不安，和一份淡淡的離愁。

入秋天涼，拆開那條十二斤重的大棉被，掀開時，嚇了一跳，足足是我單人床的兩倍大，紮實厚重；被單的花色更絕，一面是染印著幾朵大紅的牡丹花，彷如貴婦身上的大紅旗袍，花旁還繡有「花開富貴」的金色字樣；另一面則染印著無數的小碎花，又彷如老祖母的窗簾布，真是「俗擱有力」，我當場傻眼，那是年輕人最不喜歡的配色，真是絕，重量絕，花色絕，字樣絕，母親更絕。

第一晚，床小被大，掉了好幾回，索性對摺蓋，睡到一半時，即被熱出一身汗，只好再掀開，一整晚，就在不斷掉被和不斷被熱醒中折騰著，第二天一早，還需費力地爬出被窩，費力地摺被，恨不得將它截成兩半，為此，曾竊竊地挑剔著母親的「雞婆」。

臘月隆冬的第一波寒流來襲，見識到濕冷的台北城，之後，冷氣團一波接一波，一次強過一次，到校時發現很多同學感冒，尤其是中南部離鄉背井的同學，此時，才第一次感受到母親的用心良苦，和自己曾經挑剔的不該。

人，也總是這樣，對於某些東西，不需要時嫌為長物，需要時，才強烈地感受到它不可或缺地存在，失去時，才懂得珍惜。

從民國七十二年至八十八年止，那床大棉被整整陪我渡過十六個寒冬，為它換過二次新衣，其實，被裡的棉絮早已泛黃，還有一小角曾弄濕的污漬，本早該丟了，但這些年來，已不知丟棄過多少床棉被和枕頭，就是這床捨不得。

某一天，心血來潮，決定裡裡外外為它整容一番，經友人推介下，將它送到台北縣金山鄉金包里的一家棉被廠翻修整形。

一進門，看到陳舊的機具和斑駁的牆，顯然是家傳統的家庭工廠，老板是個約莫七十歲的阿伯，聲音宏亮健朗，問著我的來意。

「我想翻修這件老棉被，朋友介紹我來的，聽說阿伯功夫好、手藝巧、價錢也公道，就麻煩您了。」我客套地稱讚著。

一掀開棉被，老板顯然有些訝異地笑著說：「少年吔，這是你在蓋的嗎？」

「是的，有什麼問題嗎？」

「沒有啦，我打棉被打了五十幾年了，像這種十二斤重的大棉被，總共打不超過十件，近二十年來可以說從沒打過，傳統的雙人被，一般分為六、八、十及十二斤的，我們可依客人所需增減棉量，但均是八斤重再增減者為多，你這件十二斤重的大棉被，我看全台恐怕沒幾件了。」老板稱奇地向我解說著。

「裡面棉花大部分已變黃，或已變硬壞死，不能用了，翻新所加棉花及工費，遠超過買新的，不如丟了。」老板建議著我，並介紹著牆櫃上各色的棉被。

「不用了，家裡還有其他被子，這條已經很少用了。」

「喔，那就翻成八斤的就好了，也較省錢。」老板再次好意地建議著。

「不，老板，我一定要翻成與原來一樣的十二斤重，舊棉絮一定要留一些，多寡無所謂，但一定要留，錢多少沒關係。」我再三地向老板強調著，老板則用不解的眼光打量著我，彷如看著一個奇異的怪物。

「喔！好，……怎麼會打這麼大的棉被？」老板邊拆紗線邊好奇地問著，我也將二十幾年前的往事向老板簡述著。

「你媽媽像全國電子一樣，足感心吔。」老板頓時惑解地點點頭稱讚著母親，也許是懷著為人父母的同理心吧！很多人聽了都當成笑話一則，老板卻有所感的稱許著。

「台北哪會冷，是台北人的心較冷啦，哈哈！……天冷，可以多蓋被多穿衣；心冷，恐怕就沒溫暖也沒藥醫了，哈哈！……」好哲學的老人家。

「不會啦，習慣就好。」我只是淺言地陪笑著。

「翻新大約要兩三個小時，你可以先到處繞繞，或改天再來拿。」

「我從沒看過人家翻被或製被，如果不礙事，我能不能留下來，順便見識一下外傳阿伯的好功夫和好手藝。」

「哈哈！當然可以，也當然不礙事，年輕人會說話。」老板夫婦開懷地笑著。

接著，老板和年輕的兒子開始剪紗線、抽棉、挑棉、秤棉、加棉，然後以傳統的老機器壓棉、捲棉、分層來回鋪棉，再以類似大弓箭的機具彈棉，彈完後又以厚重的圓木蓋來回壓棉，直到平整為止，而後收邊，再用大針穿紗線固定，以防棉絮移位，最後父子倆還表演一手十秒入被的好手藝，令我不禁鼓掌稱奇叫好，老板也得意地笑得合不攏嘴，還主動幫我打折。

付了二千元，我開心地稱謝後開車返回台北，一路上想著老人家父子的巧藝。其實，十多年沒用過這條大棉被了，只是每年夏天為它晾曬一次而已，每次晾曬時聞到被香，就彷如聞到剛出爐的麵包，心中都有一種幸福的感覺。

翻新整形後依然束之高閣，堅持絕不能丟棄，堅持留下部分原有的舊棉絮，也堅持分毫不減的十二斤重，只因為，母親為我堅持十二斤重的回憶要留著，翻新整容，也只是為了替一份塵封二十幾年的回憶保鮮罷了。

17. 姊姊不要哭

我邊把錢推回給大姊，邊說我身上有錢。銅板在兩雙手推卻中散落一地，有幾個滾得老遠，車站旅人突然紛紛轉頭側看著，頓時整個時空都好像凝結了一般。

「長兄如父、長姊若母」，大姊，一個平凡的女人，平凡得宛若季節風和季節雨，只是，一場淒風和苦雨。

記憶中，每回和母親到大姊或二姊家，母親總是大肆張羅著伴手禮，從一把青菜、一條魚、一隻雞、甚或不起眼的五穀雜糧，母親都竭能地傾盡家中所有，還要到街上採買一大盒鮮果，大包小包的，說是大禮，又嫌不夠珍奇隆重，說是小禮，卻又是包羅萬象。

某次，和母親再次同往大姊家，母親一如往常，張羅著一切細軟，塞滿整個後車廂。

途中，不解地問道：「大姊家後院不也種很多菜嗎？幹嘛連一把不到十塊錢的青菜和一袋地瓜也在送？……還有，姊姊又不是坐月子，為何一次送兩隻活雞？」母親沒回應，但見後視鏡反射著母親五味雜陳的凝重表情。

片晌後，母親娓娓道著：「唉，也不知怎麼了，一直以來，都覺得虧欠你兩個姊姊很多，你們兄弟姊妹六人剛好分兩半，你們三個小的是苦，但大哥和兩個姊姊卻不是一個苦字可形容，因為有他們三人，才能讓你們苦得很幸福，同父同母卻不同命。每次都想盡力的去彌補這個家對你兩個姊姊的虧欠，即使是一把青菜、一條魚，也是我的一份心，一份曾經的虧欠。以後你們若有能力，……要是我走了，記得要善待兩個姊姊，代我和你父親彌補曾經的虧欠。」

母子倆沒再交談，一路的沈默，也一路的沈重，和一路嘉南平原的艷陽與野風。

小女工

每天清晨，東方乍現魚肚白，有兩個女孩，頭戴斗笠，包著花布巾，身上穿著一套縫了又補補了再縫的舊衣褲，赤著腳，帶著一把小鐮刀，走向屋外馬路邊和一群人會合。

馬路邊，每個人打扮幾乎都相同，赤腳、斗笠、花布巾和一身破舊的衣褲，沒出聲或仔細瞧，根本認不出誰是誰，但其中有兩人因特別矮小而醒目，因為她們只是十二歲的小女孩，也就是我大姊和堂姊，兩個四處做農幫傭的小女工，無論是種稻、割稻、種花生、採收甘蔗、施肥、除草等大小農務，無論酷暑或寒冬，日出做日沒息，這樣的日子，日復日，年復年，直到出嫁。

不堪的童年，灰白的青春，沒有淚，也沒有痛，因為這個大家族從來沒有過過好日子。

出嫁

嫁了，大姊要出嫁了，我還小，嫁給誰我不知道，但衷心的希望她能嫁戶好人家，過好日子。後來才知道是嫁給鄰鄉和我們家一樣窮的親表哥，只有幾分薄田的赤貧人家，窮嫁窮，親加親，真是個「門當戶對」。在我們家已經勞碌得像條牛，嫁了還是牛，難道大姊真是天生的水牛命？

每逢寒暑假結束前，大姊便為五個孩子的註冊費到處張羅籌借，這樣窘境一演就是二十年。

一把銅板

民國七十三年盛夏，大一放暑假，回鄉下幫媽媽一些農忙，臨回台北時，順路去看看大姊。

壯碩的手臂，粗厚的手掌，加上黝黑得發亮的皮膚，很難想像眼前看到的人就是大我十一歲的姊姊，只有從那雙圓滾滾的大眼睛及滿臉燦爛的笑，我才確認眼前這個老婦人就是我卅歲的大姊。

阿姨、姨丈（即親家、親家母）及姊夫均體弱，不勝粗活，全家上下，舉凡田裡、海裡、漁塭、豬舍等大小粗活，全仰仗大姊一人。

一頭牛都無法耕作二十年了，更何況是一個女人，一個像牛一樣耕作二十年的女人。

吃過午飯，姊姊張羅一大袋零食讓我帶回台北，臨上車前，姊姊突然從斗笠沿抽出一把鈔票，連同口袋中的一把銅板塞握到我手中，用溫婉的台語說：「你讀大學，我很高興，要卡認真，大哥擔頭很重，這禮拜蘆筍大出賣較有，這些錢你拿去台北用。」我邊把錢推回給大姊，邊說我身上有錢。銅板在兩雙手推卻中散落一地，有幾個滾得老遠，車站旅人突然紛紛轉頭側看著，頓時整個時空都好像凝結般。

大姊哭了，汗水和淚水交織在黝黑的臉龐，我趕緊避開大姊的淚臉，彎腰撿拾著地上的銅板，任憑不聽使喚的淚水滴落。

撿完後，捧著零錢低頭啜泣地呆站在大姊面前，大姊用衣袖拭去淚水，稍微緩和情緒後將紙鈔塞進我手心，再把我抱個滿懷：「不要哭了，聽話，大姊早嫁人，沒幫阿母和大哥什麼忙，你要認真讀書，作田像做牛，家裡已經有我跟阿母二隻牛了，你要認真讀書……車來了，下次回來再來找姊姊。」我點點頭沒說半句話，上車前姊姊用兩手大拇指幫我拭去兩行淚。

坐定後，隔著車窗望著大姊，看她揮著手，掛淚的臉上擠出了笑。

轉了幾站後，車子上了高速公路，心緒平撫後才發現手上仍緊握的紙鈔已被我和姊姊捏握成一團，我一個個數，一張張壓平整理好放進背包，總共一千六百六十三元。這應是大姊在蘆筍園辛苦一星期所得吧！給了我這筆錢，姊姊一家八口的日子就要過得更加斤斤計較了。

閉上雙眼，試著休息，但思緒如潮，腦海中盡是大姊從斗笠沿抽錢、散落一地的銅板、啜泣的叮嚀、滿懷的擁抱、掛淚的笑臉、長繭的手和捏成一團沾有泥印的紙鈔……，一字一句、一幕一幕不斷地翻湧著，不聽話的淚水從閉闔的眼角流洩而下。

窮人的捨得更讓人動容，這個窮人就是我的大姊。

流吧，眼淚有時候會讓一個人更堅強。這已是二十五年前的往事了，遙遠得有些陌生，但卻陌生得如此銘心，深刻得如此感動。

姊姊，哭吧！

由於早婚多子，大姊家經濟上一直過得很拮据，從十二歲起到六年前，也就是大姊五十二歲那年，整整四十個年頭的苦日子，終於在小兒子退伍工作時露出曙光，享清福之日可期，詎料，姊夫突然醫檢出癌末，不到半年光景即逝世，中年喪偶，人生至痛。

四十年牛馬歲月換得經濟無虞，但人生路卻從此一個人走，令人有荒漠萬里孤天一人的遺憾與蒼涼。

三個月前，大哥自傳完稿付梓前，妹妹幫忙校稿，有一天打電話給大姊，談到大哥書中寫到因幼時大家族的窮困，導致大姊、二姊失學，這件事讓大哥深感難過與自責，大姊在電話那頭聽了後，哭得語不成調，妹妹捨不得，陪著大哭，久久不能自己，兩端，只有無聲的電話，無聲的悲。

次日，聽妹妹說起，不免鼻酸。

深埋了半世紀的痛，是認命吧，從未聽大姊埋怨過，但認命並無法抹滅深藏五十年的渴望。

哭吧，大姊，盡情的哭吧，把埋藏半世紀的苦與痛從淚水中一股腦兒宣洩出來吧！就像從墳墓中把最醜惡不堪的人生拖出來淋漓盡致的鞭屍一樣，一次就來個痛快的切除吧！哭吧，把累積五十年的痛楚哭出來，或許可以為半世紀的委屈找一個出口。

五十六歲的小學生

聽完妹妹講述那通電話後，憶起之前妹妹曾說大姊想去念小學，後來沒下文，我想是我忽略了這件事，從沒聽大姊抱怨過，所以從沒深思過上學識字對大姊而言，是生命裡如何重大的意義，於是決定找大姊聊聊。

走出喪夫陰霾，大姊天天和雙胞胎小孫子為伍，有一天，剛上學的小孫子要阿嬤教他寫作業，大姊回應小孫子，阿嬤沒讀書，沒辦法教你，小孫子狐疑地問：老師說每個人都要念書，阿嬤怎麼會沒念書？如果沒念書，怎麼會打電話？怎麼會搭公車？阿嬤騙人。小孫子的童言稚語，觸動了大姊埋藏了近半世紀的痛。

兩年前，大姊村裡的國小為失學的老人家開課，大姊很興奮，但也有些怯懦，畢竟五十六歲才上小學，任誰或多或少心理上都有五味雜陳的障礙。

開學那天，大姊走路去上學，進校門前不自覺地四處張望，心中百感交集，與校為鄰，卻又鄰近得如此遙遠。送過五個小孩上學，學校的一草一木均十分熟悉，這一刻卻有說不出的陌生，一種熟悉的陌生，這一步一走就是五十年；每個人理所當然的一小步，自己卻走了半世紀。

一進教室，老師已站在講台笑迎這些老學生，全班九個人，大姊年紀最小，老師簡單的自我介紹後，每人發一本課本、一本習字簿和一支鉛筆，發課本時，沒有人講話，頓時有股凝重的氣氛。

碰到書本那一刻，大姊緊緊地將書抱在胸前，無語，無聲的淚，宛如小女生緊抱著失而復得的洋娃娃，深怕再度失去。

鄰座的阿伯舉起課本哽咽地說：「這課本薄薄不到六十頁，我卻等它等了六十年。」

是的，遲暮的人生，每個人失學的背後都有一段不為人知的辛酸，或單親、或殘障、或為養子女、也或是「將女抱男」的童養媳，原因不一，但皆源於貧。

社會進步如此，又有多少人能體會一甲子文盲生涯的苦痛，一份只能埋藏的苦痛。每個老人家隱隱地述說著自己不堪的過往，老淚縱橫，顧不得場面，因為此時此刻沒有人需要假面具。

大姊說他們和小學生一樣，第一個學的字就是自己的名字，每個人都是顫抖吃力地寫著，鉛筆彷彿比鋤頭還沉重，有人邊寫邊拭淚，第一次寫出代表自己的符號，有著一股莫名的興奮和感動。

上完一學期後，大姊說她學會很多字，曾試著寫一封信寄到台北給我，寫了好幾張，撕掉更多張，老覺得寫不好，字體大小不一，塗改很多，每一行都歪歪斜斜的，很難看。其中信封上重慶南路的「慶」字，更寫了不下十幾次才完成，但還是比其他字大了一倍，覺得很醜，所以一直沒寄。再三央求大姊寄給我，她還是不好意思地說：「不要啦！」活像一個羞怯的小學生。

姊姊不要哭

大姊，請聽我說：如果沒有你失學犧牲在先，我們又如何順利就學在後；一個字練了十幾次，但它終於還是完成了；一封信雖然撕了十幾張，但妳終於得到了寫信的樂趣；雖然字體大小不一，但它讓你拼湊出完整的人生；雖然塗改很多，但妳的人生從此不必要再塗改；而每一行歪斜的字，都會讓妳的人生筆直無憾。

這是一份被遺忘的社會道歉，姊姊，不要哭，希望妳的人生不再有淚。

18. 生死

母親正視著前方鏡中的自己，好像端詳著最後的遺容，神色安靜得令人擔憂。當理髮師從額頂往後一推，母親的淚滾落了，就像臨刑前的死刑犯，也好比剃度的僧尼，落下的是凡塵，是俗事；因為曾經，紅塵浪裡來，但也從此，孤峰頂上去，一切已無回頭路。

人生，因著歲月；歲月，因著記憶；而記憶，又因著生活中的點滴。生活中的點滴，就好比季節中的風雨，來就來了，去就去了；也好比春花與秋葉，開就開了，落就落了，不留痕跡。然而，烙印在歲月中的某些事，越想抹去，卻越深刻；時間越久，也越鮮明。

民國七十九年末，也是我剛退伍不久的某一天，二叔叔因病去世，這是繼父親、祖母及四叔叔後，我記憶中大家族的第四場喪禮。

出殯前某天午後，母親在鄰居家中突然莫名昏倒，鄰居緊急幫忙送醫，也緊急聯絡在校的大哥。

經村中的密醫先生急救處理後，母親醒來，回家躺在床上，不時翻滾嚎叫著頭疼，家裡只有我與聞訊趕來的四舅媽一旁相陪，束手無策，每隔幾分鐘，母親即因難耐劇痛而抱頭嘶嚎，狀甚慘烈，用完一大瓶綠油精仍罔效，因深明母親隱忍的個性，心疑不妙，幾次勸母親由我先行送醫，母親不理，堅持等大哥回來。

第一次領略到，無依二十年的母親和大哥是如何緊密地相依，是一種可以不要命的信賴和相依。

急送到鄉裡最大的醫院，一位老醫師看診，撥撥眼，壓壓舌，再以聽診器觸貼胸與背，不到三分鐘即判定是嚴重的偏頭痛，先住院觀察。

我永遠記得老醫師帶腔的口音與臉譜，和那完全不專業與不可信賴的眼神。

吃過大嫂二嫂送來的晚餐，在陳舊不堪的急診室等候病床，那一夜我留陪，被蚊子叮咬幾個包，加上母親不時的痛嚎，一夜沒睡。想到那醫生說著連自己都不太相信的眼神，一夜的蚊叮，和如垃圾場般雜亂的急診室，心知，在此等病床就如等死，決定建議轉院。

第二天一早大哥到院，我強烈建議轉院，但母親堅持再看看，俟二嫂送來晚餐，母親因過度疼痛無法進食，二嫂與我同聲建議轉大醫院，母親仍執意再住一晚再說，並吩咐暫不用告知大姊二姊。

俟兄嫂離去，母親頭疼越來越劇且越頻繁，一整晚病房裡悽嚎聲沒間斷過，緊握母親的手不斷地安慰，也恐懼著每一聲慘叫後的安靜，是否都將是永遠的無聲。終於，母親再也無法忍受，要我通知兄嫂及姊姊們全部到院來。

通知完後，心明母意，趴進母懷哭出了第一聲，母親也已淚眼潸然地以手輕撫著我。

所有人都趕到後，母親低吟地說著：「我感到疼不止，我們回去吧！」一聲音失去了慣有的堅強，也似乎預告著母子一生的情緣，已漸漸走到了盡頭。

二姊最沒用，第一個掉淚。大家連忙安慰母親，決意即刻轉院，辦完手續，已是凌晨四時許，急送嘉義林綜合醫院，並聯絡囑咐正守父靈的堂哥，天亮後送錢到院來繳交保證金。

由於兩天沒睡，到達嘉義時，我竟將車子開進市府牆前的水溝裡。

一進醫院，母親已做完斷層掃描，醫囑只能到大醫院剖腦取出血塊，於是坐上救護車，疾驅林口長庚，由大哥、二姊及我護陪。

人，總是在生死交關時細數著過往。一路上，在疲困中想著母親流離的心靈和孤寂苦命的一生；也聽到母親細碎叮囑著大哥一些瑣事，彷如預感著即將到來的一場死別，二姊一旁淚如雨下，大哥交握母親的手，淺言淺語地淡化與寬慰著母親的情緒，但從他時而咬牙時而急閃的眼神，感受到一種堅毅和強忍，那是父逝後操持一家大小事所練就修得的。

大哥，總是扮演著這個家臨危邊緣的最後一道防線，他深明，此時的一滴淚，將會淹沒母親求生的堤防，也將成就死神的挑釁，然而，此情此景，又有什麼比不能有淚的心更割痛。

長庚醫囑：從顯影掃描照相中，患者左前顱內蜘蛛網膜病變出血，血塊太大，無法自行吸收，需剖腦手術清除，但因剛出血，動脈末稍尚未穩定，因而最快一星期後始能動刀，如期間或術中二度出血，患者將成為植物人或死亡，術前術後風險都相當高，你們要有心理準備，也要適當地緩和患者的情緒，這類病患怕光怕吵，你們要注意，手術時間排好後會通知。

醫囑完後，醫師看看我們兄弟姊妹，緩步走出病房，頓時，每個人的心都被完全的掏空。

怕母親看穿，大哥首先打破沉默，淺笑著告知母親：「剛才醫生說，妳顱內有個小血塊，先觀察幾天，如能自行吸收，就沒事了；如不能，醫生說要動個小手術，幫妳稍微清一下就好了。」

這個家就是這樣，有喜弟妹報，有憂大哥扛，但無論大哥說得如何輕鬆，修飾得如何婉轉，謊言終究還是謊言，謊言終究還是要面對。

母親面無表情地隨應著大哥，雖只能聽懂簡單的國語，但半聽半察顏觀色，只需以雙眼在每個孩子身上掃一下，看著我們迴避的神情，便可一切了然於胸，大哥聰明，但母親也不笨。

大哥，是個誠善謙懷的人，為人處事應是無可挑剔的，但某些時候某些事，為了替母親分憂減煩，生活中對母親常有習慣性的隱瞞，母親也是個好演員，始終習慣性地配合，彼此看穿，卻不說穿，是信賴，也是很深的相依。

由於止痛藥效只有四小時，每天不能逾四顆，因此，母親每天仍有八小時在疼痛哀嚎中度過，儘管姊弟倆輪流擦拭與按摩，也只能稍轉注意力，無減於母痛。

第三天，母親劇痛難耐，在病床上一番掙扎翻騰後，崩潰地哭倒在二姊懷裡，二姊環抱著陪哭，嘴裡說著哽咽不清的安慰話，我側臉咬牙看著窗外，任憑不聽使喚的淚流著，在台灣最好的私人醫院，最大的單人房，卻是如此的無力也無助。

沒有大哥的病房，一切都顯得無比的脆弱。

情緒稍緩後，母親突然鬆口：「如醫生說沒效，我們回家吧！」顯然，大哥的安慰劑只有三天的藥效，任我和二姊如何善盡謊言勸慰，母親始終只信賴大哥那顆包裹糖衣的苦藥。

第六天，護理站拿來一分手術切結書，要我們兄弟三人簽捺切結，大哥仔細地詳閱，還向護理長交詢著內容，這是大哥慣有的謹慎。其實，能不動刀嗎？切結書，說穿了還不是手術結果如有意外時，化成醫院卸責的保護狀罷了。

最終還是落筆了，我最後一個簽字，很猶豫，也很感慨，念了二十年的書，第一次為母親寫字，就是一份「生死契」，一份沒有刪修空間的生死約。

第七天，落髮了。

理髮師推開門進入病房，母親端坐病床，披好圍巾，母親正視著前方鏡中的自己，好像端詳著最後的遺容，神色安靜得令人擔憂。當理髮師從額頂往後一推，母親的淚滾落了，就像臨刑前的死刑犯，也好比剃度的僧尼，落下的是凡塵，是俗事；因為曾經，紅塵浪裡來，但也從此，孤峰頂上去，一切已無回頭路。

我暗留了一小撮灰白的母髮，很珍惜，也很害怕，深怕那是最後的遺物。

第八天，大日子終於降臨，一家人全部到齊，每個人不自主地在病房中穿梭著，輪流交握寬慰著母親，聲音變得生硬不自然，或立或坐於病房的一角，生怕母親激動，沒人敢掉淚，一片的靜，一片的悶。

還是一樣，一切就交給最善於對母親淺言淺語說謊的大哥了，對母親而言，大哥的謊言遠勝我們的真言；大哥的謊言依然是母親最美的箴言。

當大哥二哥和我一起將母親推出病房門時，門未關，我已聽見了姊妹們的哭泣聲，穿透心坎，直衝腦門，視線茫然地跟著推車走。

自己也算是愛哭的人，反正大哥二哥在，我用不著假裝堅強，怕母親看見，鬆開母親緊握的手，呆立在冰冷的長廊，茫然中由哥哥將母親推入手術室的「生死門」，當生死門關闔的一瞬，我終於忍不住掩面哭泣，這該不會是母子一生情緣的最後一幕吧！直到大哥拍拍我的肩：「沒事，沒事。」當我抬起頭，看見大哥掛淚的臉，這是一生中唯一一次看見大哥的淚，也看見了大哥少有的脆弱。

回病房時，一路上二哥為我搭肩摸頭，用那因哽咽而變了調的聲音安慰著我。傷心人安慰傷心人，只是更傷心。三個傷痛的影子，消失在長庚醫院長廊的盡頭。

沒進病房，獨自在安全門的樓梯間，呆坐傻想，害怕的心暗禱著：祈求上蒼，讓苦母安度生死關，我還年輕，願折十年陽壽給母親，願母親明天依然可以看到窗外的這一片燦爛。

手術中，我們靜候在家屬等候室，等候室很寬大，直像個小禮堂，擠滿了家屬，每個疲憊忐忑的家屬，都緊盯著前方的跑馬燈或廣播，好像看榜的考生般。

手術從上午八點到下午五點，真是浩大的工程，也是漫長的煎熬。當跑馬燈亮示母親的名字，代表著手術已完成，答案即將揭曉，希望這一次，醫師能把母親的生命交還給我們，而不是託付給上帝。

由於次日二叔叔要出殯，由大哥二哥先進加護病房探視，之後，他們立即趕回家，送二叔叔人生的最後一程。

與二姊一進加護病房，嚇了一跳，母親的身體突然縮小了一號，左腦門缺一塊頭蓋骨，腦體在膈膜內規律的微跳著，從氧氣罩明滅吞吐的白霧，才感覺到母親如游絲般的呼吸，小嘴巴誇張地移位到右臉頰上，一臉死白，彷如手術台上解剖的外星人，看見母親如此陌生怪異的模樣，叫我如何承認眼前所見的是母親，流著割心不捨的淚，不敢置信，直到看見左鼻頰間的那顆痣，才完全難以甘捨的確認。

貼耳輕喚，一聲又一聲地，仍不見母應，心急淚落，二姊含淚急問：「阿母啊，有聽到否？有聽到用手指在我手心動一下。」母微動而應，姊弟破涕為笑，還是姊姊聰明。我趕緊依樣畫葫蘆，連續好多次，並即刻學著大哥說謊的語氣：「阿母，醫師說手術相當成功，過幾天就好了，我們都隨時會進來看妳。」

臨出加護病房前，再一次親吻母親的手。

19.死生

父親，您怎可生不為伴，死不相佑，讓母親獨苦二十年後，還要面對生死不若的殘年。今夜，就回來吧，回來看看母親的醜態與殘樣，看看大女兒一夜無聲的啜泣，也看看我渴望與憤恨的眼神。

母親生平從未遠遊，也未曾住過飯店，林口，是母親到過最遠的地方；偌大的單人病房，也是母親住過最大的房間。生平第一次跨越北港溪和濁水溪，就是用救護車接送；第一次住大房，就是醫院的單人房。說來很諷刺，也很心酸，但這是事實。

由恢復室移往單人病房前，我和姊姊將鏡台移開，不讓母親看見自己歪斜變形的臉。

由於傷及左腦，母親右手右腳形同癱瘓，不只一次懷疑地問哥哥姊姊，母親會回復原貌嗎？應該會吧！這是他們一致的答案，是醫師說來安慰家屬？還是他們說來安慰自己？我深表懷疑。尤其是那段日子對媽媽謊話說多了，始終懷疑他們在騙我，就如同他們在騙母親一樣。

每天一早醒來，看見母親變形的臉，不只一次躲進浴室偷偷掉淚，如果母親就此一生，未來的日子叫她如何自處？是醫術不好？還是根本就不應開刀？雜亂的思緒，對操刀的醫師有某種程度上的怨懟；對當時在生死契上的簽字，有著某種程度上的自責。

兩週後，開始餵食，姊姊跪在病床前，用湯匙送進第一口糊粥軟食，小心翼翼地斜側著湯匙，送到母親斜歪到右臉頰的嘴巴，母親看不見湯匙，習慣性地側臉來接，忘了自己的嘴巴已嚴重移位，一不小心，將湯匙中的糊粥弄花一張臉和被單，再次餵食，結果仍相同，看著母親畸形的斜嘴，濺花的臉，和那被單上四散的食物，姊姊突然停止餵食，哭趴在病床上，見狀，母親用左手撥掉那碗泥粥，四濺一地，左手撫胸大哭，我箭步上前，用力抱住母親，輕聲告訴她：「沒事、沒事，不吃了。」良久良久，直到母親停止哭泣，不再掙扎。

姊姊含淚清理著四散的泥粥，後悔不該在母親面前顯露絲毫的脆弱；母親兩眼死魚般地呆望著天花板，只剩空洞、無神和兩行未乾的淚。

母親沉睡後，看見二姊哭立在浴間洗手台前，我再也忍不住，由背後環抱著二姊大哭，那一次，姊弟倆在如廁間痛哭得淋漓盡致，誰也沒有安慰誰，誰也不用安慰誰。

真的，沒有大哥在場的病房，我們都顯得無助和脆弱。

整整一個月，母親終於出院了，接下來，是漫長艱辛的復健路。

由於一星期後需回診，因而暫住我台北中和的住處，換由大姊北上相陪，幫忙盥洗和三餐，而每天兩次的刷牙和三餐，都是一次次嚴苛的考驗和折磨。

母親的第一次刷牙和第一餐，竟成為我人生中一個永遠揮不去的夢魘。

猶記得，準備好牙刷和水杯，端到餐桌前，和姊姊慢慢教著母親每一個動作，母親以左手拿牙刷，緩張起右臉歪斜的嘴巴，牙刷推了好幾次，仍無法精準地放進嘴裡，白色的牙膏早已畫花了半張臉，有了醫院病床餵泥粥的前鑒，我微笑耐心地輕拉母親的手，將牙刷放進口中，並不忘讚美：「很好，對了！」但見母親左手緩刷著，嘴巴卻無法協調，牙膏混著口水滴流滿桌，狀似敗戰癱軟的「異形」，母親嘆了一口氣，放下牙刷，不發一語，大姊見狀不忍，搶在母親落淚前急說：「阿母，沒關係，慢慢來，改天好一點再自己刷，我先暫用小布塊沾牙膏和鹽巴幫您洗。」母親點點頭。

接下來早餐，我幫母親圍上圍兜，用餐盤盛上一碗大姊燉煮的排骨粥，還灑點母親最愛的香菜，來引誘她的食慾，母親左手持湯匙，不停地顫抖著，習慣性地往鼻下位置送，受損嚴重的神經已使得眼歪嘴斜，連一口粥都需要折騰半天，好不容易送進嘴裡的排骨粥又大半滑落出來，一餐二小時，三分之二碗的粥，都散落在圍兜、餐桌、衣褲、地上和臉上，不忍卒睹，走到陽台深深地吸一口菸，在迷霧中感傷、流淚和追憶，屋內就交給耐心內斂的大姊。

臨睡前，走進房間，母親早已沉睡，昏暗的燈光下，依然是稀落的髮，斜歪的嘴，和如紙蒼白的病容。陪睡在側的大姊，悲而無聲的啜泣著，我不忍地滑開她的視線，低頭走回我的小房間。

躺在床上，心沉，睜眼看著一屋子的黑；難眠，想著一個不太能記憶的父親，嘴臉變形的母親，和那四散的粥餚，不禁潸然。

父親，您怎可生不為伴，死不相佑，讓母親獨苦二十年後，還要面對生死不若的殘年。今夜，就回來吧，回來看看母親的醜態與殘樣，看看大女兒一夜無聲的啜泣，也看看我渴望與憤恨的眼神。

第二天、第三天和第四天，一樣斜嘴的臉，一樣四散的菜餚，也一樣不止歇的淚。

第五天，睡夢中似乎聽見母親輕聲的呼喚，驚嚇地由床上滾落，一出房門，驚見母親端坐餐桌，嘴巴幾乎恢復到正常位置，說著已稍清楚的話：「我—要—刷牙，你—準備—起—來吃—飯了。」大姊在廚房忙著，笑著端出一盤炒豆腐，我快步的到浴室準備，母親刷牙吃飯時依然費時費力，但已進步神速，我感覺到母親眼角的淚和嘴角的淺笑，這是一個多月來，第一次有笑聲的一餐飯，我看到大姊流淚笑著為母親洗滌衣褲，我快樂的哼著歌洗碗。

回診時，主治醫師張承能滿意地說：「阿桑，恢復得非常好，這次是危險性很高的手術，你真有福氣，回復得很神速，等一下護士會教你如何復健，勤快就會快好，病人的健康就是我們醫師的成就，一個月後再來。」

母親左手抓著張醫師的手不放，再三點頭說謝。

是的，不只母親該謝，我們全家人都該謝，謝謝這位母親的再生父母，尤其是我，更該感謝眼前這位我曾怨懟過的好醫師，從他待母的誠懇與親和，深明患者的心理，我必須坦承自己因一時的心急而錯斷。

回家，終於要回家了。踏上漫漫歸鄉路，母親顯得非常興奮，一路上，車窗掠影，山履濯濯，天空雲影，翠林藹藹，雖是臘月隆冬，仍是一片和煦燦爛，好心情的天空總是特別的亮。

剛過新竹，母親急問：「快到家了沒？」每過不久即再問一次，問她是否需要如廁休息，她總是說「不急、不用」，我讀得出她如孩子般的雀躍，一路都沒睡。

當車子一下高速公路，母親突然安靜下來，略顯不安的神色，彷如離家多年的遊子，懷著一分近鄉的情怯。

也或許，尚有些許歪斜的嘴，含糊不清的話語，和癱瘓不良於行的右手腳所引致的心障，然，當車子彎進家門，在三合院大埕停下，車門拉開的那一刻，看見家族大小的齊聲問候，群孫圍攏舞叫「阿嬤」的興奮模樣，母親嘴角揚起的一抹笑，表達了終於回家的欣慰。

陪母親經歷這一場大病，走過人生中的生死門，終於體悟，這個家一路從寒微中走來，因為母親，使得我們的淚很淺，愛卻很深；因為母親，縱使我們曾習慣性地說謊，但卻能誠善地看待人生；也因為母親，使得早年失怙的無依，讓兄弟姊妹彼此更緊緊地相依，縱使餐桌上僅有一碗素麵，我們依然可以分食共享，飽足彼此，共同圓一個家，圓一個滿滿的人生。

20. 打折的七天

人多時，母親總是把我的手抓得很緊，身子偎得很近，深怕失散在人群中，這一刻，我成了母親不可失的依靠，這是台北的陌生賜給我的一份福氣。心想，如果母親可以常來台北，我願意化身為陪伴她身旁的一隻導盲犬，一輩子在陌生的國度裡相依。

醉過，知酒濃；愛過，知情深；哭過，知淚淺；錯過，知後悔。也許，有人不曾醉過，但每個人一定都曾愛過、哭過和錯過。對母親，曾錯過盡孝，錯過依順，錯過扶持，就連一句安慰和一個微笑，也曾錯過。

母親今年八十又三了，鮮少遠遊，自手術後曾來過台北三次，但真正和我同居共住相依維生的，只有一次，那是我唯一獨自孝養母親的一次。

記得在萬芳社區買新房的時候，曾央求母親到台北同住幾天，然要離開住慣的鄉下，起初母親略顯猶豫，直到講好只來一星期，母親才勉強應允。

第一天，開車帶母親到超市採買，母親看到大賣場包羅萬象的商品，興奮得直誇都市人真幸福，要什麼有什麼，端詳撫摸著每樣商品，還東問西問地問個不停，活像初進大觀園的劉姥姥。

晚餐時邊吃邊唸著：「蒸魚太淡，沒入味；青菜燙太老，不夠脆；……如果新家有個女主人，所有佳餚都會更美味。」一餐下來，嘮叨不停，但我讀得出母親滿心的愉悅。

由於母親不喜外食，第二天中午，依然下廚，煎著二姊家自產的虱目魚，母親在餐桌上挑菜，當我煎好端出時，赫見母親捧著挑好的菜，斜倚廚房門邊，閃著淚光深望著我，不知母親站多久了，驚訝中急問：「阿母，怎麼了，不舒服嗎？」

母親嘆道：「小時候我每天從早忙到晚，才會要你和妹妹幫忙，教你們揀菜、洗菜、切菜和炒菜，所有家事都做得很俐落，我是在想，如果小時候沒教你，每餐都要人幫忙，那你應該早就結婚了，……虱目魚很難煎，你能煎得這麼赤、這麼美，很難得，但能幹有時也不見得是好，看到你切菜時刀工的快速和俐落，和身上的那件廚袍，我心裡有點不捨的心酸，也有點後悔。」語氣中帶有感慨的自責。

我見狀回道：「每樣事您都可以和結婚扯在一起，也未免太聰明，太自討苦吃了吧，老是提以前，該忘就忘，能斷則斷，不忘不斷，反受其亂，老愛胡亂想，您自己說過搬新房不能有淚的，菜您來炒，因為您比較會炒、炒、炒（吵）。」順勢拉母親進廚房，給她一個撒嬌的微笑。

母親又邊炒菜邊叨唸著：「我不知道上輩子欠你和你老爸多少債，這輩子的眼淚幾乎都流在你們兩人身上，若不是你大哥和二哥，我不是為你老爸哭死，就是被你活活氣死。全村的人都羨慕我好老命，只看到我臉上的笑，卻看不見我心中的苦，生到你這種兒子，能多好命也都是騙人，……」

「阿母啊，菜都炒爛了，經還沒唸完，剛剛講完就這樣，再唸，就叫大哥送您去深山當尼姑，在那裡，您可以一天唸二十四小時，唸到全世界的人都耳朵癢。」我拉高嗓音回覆著。

餐席間，換我竭能地講些母親愛聽的話，用五音不全的嗓子哼著母親愛聽的「望春風」，幫她夾菜盛湯，試著塞滿她愛胡思亂想的腦子，和那愛碎碎念的嘴巴。

那一餐，屬於母子兩人的幸福，就交錯在我的喋喋不休，和那一桌杯盤碗筷的起落中。

下午，就用幾片楊麗花、許秀年的歌仔戲錄影帶打發母親，順便拿一盒面紙陪她，上班前不忘交待：「記得以前您最愛看許秀年唱歌仔戲了，很好看，但我看您面紙要省著用。」母親笑著跟我說再見。

為省去母親的叨唸，晚上，帶母親前往新生南路的「頂上魚翅餐廳」吃飯。

「會不會很貴？聽說台北的餐廳都不便宜。」

「不會啦，那是平價餐廳，是屬於像我們這種平民百姓的小館子，便宜又好吃。」

一進門，特地請領檯經理選個離結帳櫃台遠點的座位，以免母親窺視別人埋單。

上菜前，母親好奇地直盯著臨桌珠光寶氣的貴夫人，把人家全身的行頭都打量得仔仔細細。

「從沒見過這麼大的鑽戒，這麼亮的耳墜子，一身的粉紅套裝，真的很美，也很貴氣，家裡一定很有錢，這間餐廳一定很貴吧！」

「不會啦，我都點便宜又好吃的。台北人都穿得很講究，吃得很簡單，不要這樣盯著人家看，您好奇的眼神，會讓人家坐立難安，這樣很不禮貌。」

我點了兩碗魚翅，一盤鮑魚角炒飯，一盤香菇銀芽及兩盅燕窩。我想，這是母親第一次看見每碗二千三百元的黃金大排翅，也是第一次喝到一盅一千二百元的燕窩。

那是我生平第一次帶母親外食用餐，結帳時用刷卡埋單，很奢侈，一種暴發戶的奢侈，但為母親，我奢侈得很捨得，也很快樂。

「一共多少錢？」走出餐廳，母親拉著我的手急問著。

「俗啦，那碗魚翅較貴，二百三十元，好吃嗎？」

「噢，好吃是好吃，但一碗湯二百三十元太貴了，最後上的那道白木耳呢？」

母親又好奇地追問著。

「一百二十元而已啦！」簡單而順口的回答，沒去解釋燕窩和白木耳的區別。

「啊！一小碗白木耳要一百二十元，沒幾口就喝完了，台北的東西太貴了。」

看到母親驚訝又不捨的表情，差點穿幫地大笑，原來說謊騙一個鄉下歐巴桑可以這麼快活，快活到想蹲到馬路邊大笑一場。心想，好吧，明晚找一家再騙一次。

「我有直覺你好像在騙我。」

「騙您幹嘛，又不是騙您就不用付錢。」

「那盤豆芽菜炒香菇……」

「好了啦，不要再問了，歐巴桑，拜託您，您實在比小學生還好問，只不過是一餐飯，好吃高興就好，錢是賺來花的，不是賺來看的；錢用了叫財產，不用就會變遺產，人生一世短如花開一春，要多點財產，不必太多遺產，以前您教我，現在換我教您。」我得意地笑著打斷母親的窮追不捨。

「我記得你小時候還算乖，不太會說話，像個呆瓜，怎麼現在這麼會講歪理，你大哥如果像你，我看我們家就慘了。錢要花也要省，有錢看總贏過看不到錢，有遺產總比沒遺產好。做律師是要把事理講清楚，而不是把歪理講得像道理。……」

算了算了，今天律師敗給這個沒念書的歐巴桑。

母親某些時候某些事，總是顯得計較又強勢，計較是因為經常沒有多餘，強勢是為了保衛一個脆弱的家，和母親相處，順勢往往比逆鱗好，不再和她交辯，母子倆，逛街閒遊，讓母親見識一下繁華虛浮的台北。

人多時，母親總是把我的手抓得很緊，身子偎得很近，深怕失散在人群中，這一刻，我成了母親不可失的依靠，這是台北的陌生賜給我的一份福氣。心想，如果母親可以常來台北，我願意化身為陪伴她身旁的一隻導盲犬，一輩子在陌生的國度裡相依。

第三天一早，看著母親在屋內四處走動，捻東摸西的，嘴巴雜唸著一些屬於她自己的語言，我深明，她已待不住了。

「我開車帶您到處走走，去找堂姊或姑姑，晚上再叫妹妹帶小孩來。」

「不用了，大家都忙。」

「那您想做什麼或去哪？」

「台北人多、車多、樓又高、燈光五花十色，一閃一閃的，很刺眼，走在路上就頭暈，……今天一大早起床就耳朵癢不停，我想是你大哥在想我。」

上台北前，明明說好至少小住一星期，第三天一早就變卦了，想回去，不好直說，還扯大哥繞圈子，母親又不是大哥的情人，才沒三天就會想，好爛的騙術，還好，我早有心理準備。

「我和大哥二哥通過電話，他們不要您了啦！還說如果台北住不慣，叫我直接把您送到老人院，……明明講好一星期，給我來耳朵癢這一套，……好啦，再過兩天就載您回去。」我半哄半騙半撒嬌地表演著。

「下午。」母親斬釘截鐵地說，還用手指挖著耳眼，暗示著大哥真的在想她。

「啊！下午？……不行，住滿七天，吃住全免費，再附送一個大紅包，想下午就回去，那把這三天的飯錢清了才放人，不守信就不能白吃白喝，您身上有帶錢嗎？」

「好啊，錢去找你大哥二哥要。你白吃白喝我二十幾年，你如果先和我結算，說不定我比你還有錢。」

「好啦，這位台西的歐巴桑，算你厲害，午休完我們就回去。」

午休醒來，就已見母親整好行李端坐等著，我看了，睡眼惺忪地搖搖頭，進浴室盥洗如廁，心裡暗想：十個我，也抵不過一個大哥；一餐的燕窩黃金大排翅，也抵不過大哥端給母親的一碗愛玉白木耳，再昂貴的物質，遠不如大哥生活上的貼心和細心。

這個家，就這樣，一家老小，不論在物質或精神上，每個人對大哥都有某種程度上的依賴，尤其是母親，彷如父親逝故的那一刻即已注定，以前是母子，現在活像是一對老少配的情人，這是大哥雍容大量的附屬產物，是種尊榮，一種蘊涵苦澀的尊榮，是大哥的好命，也是苦命。

明明講好的七天，第三天就被母親打了折，那一次，是想盡孝，也是補過。

21. 堅持

經常聽母親細說著，父親是如何的夢裡來，又如何夢裡去的寬慰與失落。然而，四十年來，任憑我曾經無數次地渴望再渴望，我未曾看見父親走入我夢中，也許，是怕我責問或怨懟得太深，也許，是怕我抱得太緊，也許，是怕我夢中相見，但夢醒又何堪！

人生中的許多事，就好比季節中的一場風吹和雨落，總在不經意間來去，風隨風飄，雨隨雨落，不沾身，不留葉，自然得無聲無痕。

然而，四十年前父親逝故的那場暴風雨，卻在這個家刻下刀鑿之痕。

少小離家至今，算算已逾三十二個年頭了，每年清明掃墓，不論再忙，都會千方百計的趕回老家，是祭祖，是對父親的一點懷念，也是對母親悲苦情緒的一點分擔。

父墳，原在蘆筍園的東北角一隅，大學時，依沿舊俗，父墳撿骨遷葬至現居地，毗鄰曾祖父墳，之前，母子相依，而今，祖孫為伴。

風水師說，新墳依山傍水，地處龍脈之末，雖非帝王之穴，但子孫至少有非將即相及三代富貴之蔭。是嗎？其實，所傍之水只是一條尚稱清澈的小溝渠；所依之山也只是背靠大沙崙延落的小沙丘，沙丘上交錯數棵高矮不一的木麻黃，依山傍水，只是風水師安慰家屬並拿高酬而美化的術詞罷了。

其實，除了清明掃墓，所有的墳仍被漠視在人來人往中，獨自承受一季的風，一季的雨，和那每一夜專屬於墳墓的淒與黑。然，相較於原舊居的寒微，新父墳已足以安息一個傷痛的靈魂。

每年清明，早上七時許，小叔叔即沿戶催喝著所有堂兄弟姊妹，準備集合出發，就像守更貪黑的巡守員一樣準時。

待盥洗好，每每發現母親早已備妥所有牲果、紙錢、紅白黃三色墓紙和鐮刀等尋常人家祭祖之必備品，端坐在簷前等著，一臉的嚴肅，隱透著一種今天一切她做主的果敢和堅毅，而我們只是依命而行的小隨扈。

母親總是將父墳打理得十分乾淨和體面，好像一個挑剔的化妝師，墳埕的一株草，墳上的一坯土，甚或一盤牲果的擺位都計較，拈香膜拜時，猶悼誦著那段二、三十年來一字不差的陳詞，似乎忘了二十年來，妹妹、小姪女早已嫁人，我和二哥也都已退伍二十年了。中途有人干擾中斷忘詞，還會生氣罵人，從頭開始，直到完全無缺漏為止，曾經提醒母親，更正過無數次，依然不變，彷如某些祝禱，某些時光，和某些場景，已牢不可破的在母親腦海中烙印著。

某次，發現牲果中的雞因燙太熟而脫皮，告知母親，母親噘嘴瞪了我一眼：「又不是要給你吃，難道你忘了你老爸滿嘴都是假牙嗎？臨終前吵著不要戴，不知現在是否有戴好？」責備認真的語氣彷彿還想訂一副燒給父親，我不敢多嘴，今天，母親是老大。

整完墳，只見母親安坐在墓埕的沿牆上，凝望著墓碑……，空洞的眼神，彷彿穿越遙遠的時空，縈縈思索著數十年前的前塵往事；細數著那些被歲月遺落的點點滴滴，良久良久的沈默，等一回神，只是兩行悲而無聲的淚，每年清明都是同樣的場景，同樣的情緒。

這兩三年來，母親退化的膝關節日益惡化，已臻不良於行的程度，生活中，每次的站立都是痛楚的折磨，連跨步坐車都要折騰很久。我們勸母親不要去掃墓，但她堅持，彷如織女永不放棄每年七夕與牛郎的一度會，母親的篤定有一股你不忍多勸的力量，只能依從。

有次一大早，母親要我去買冥紙，從腰際裙袋中拿出摺皺得條細的五百元，我表示身上有錢，母親果決地堅持：「這是燒給你父親的，要用我的錢。」我甚感訝異，母親和我的錢有何差異？但看母親嚴肅而篤定的表情，不敢再爭執。

沿路上，不解母親的堅持，看著壓皺的紙鈔，母親應已把錢藏身準備好很多天了吧！這般用心對待一個「辜負」四十年的父親，是堅持抑或固執，我不懂。

一生中，一種苦苦的守候與堅持，有時是女人可佩也可怕的人格特質。

買完紙錢，置放後車箱，載著母親前往父墳，扶著母親徐緩地走著艱辛的每一步，想著她的堅持，有種感動的酸楚。

坐定墓埕矮牆後，發現我買的紙錢太少，母親勃露青筋地質問：「不是叫你買五百，怎麼這麼少，這怎麼夠，這麼大了，這點小事也做不好。」我暗想：這下慘了！不敢出聲。任憑哥哥叔叔嬸嬸們以改天再補或明年燒多點勸慰，母親依然堅持，最後板著臭臉索性站起，我嚇了一跳，急忙道歉安撫，並馬上驅車回家補買，沿路上，想著母親堅持的眼神。

俟我回到父墳時，叔叔嬸嬸等一行人正離去，前往另一個祖墳，我們三兄弟留下相陪，母親看見我提著一大袋紙錢，露出了寬慰，小心的看護著焚燒的紙錢，深怕任何一張飛走或遺漏，口中念念有詞：「在生的時候，窮到沒錢看病；剛過世也沒錢買太多燒給你們父親，穿去的一套舊衣服和一雙鴨腳鞋，應早就穿破了，多燒一點，才會有錢買新的，吃好一點、住好一點的，還可以和阿公阿嬤一起用。」

母親似乎敘說著一個寡母生氣與堅持的理由，我有點想笑，但母親正經慎重的語氣讓我收斂，二哥以「是啊、對啊」的虛應著，大哥貼心達理地說：「對啦，改天多桑如有託夢說要什麼，我們再一起來幫他處理。」母親滿意地點點頭。

「辜負」，是的，看見母親四十年孤寂艱辛的歲月，任憑父親走時有萬般不捨和無奈，我還是如此認為，至少，父親欠母親一個夢中的道歉，也欠我們兄弟姊妹一個夢中的擁抱。經常聽母親細說著，父親是如何的夢裡來，又如何夢裡去的寬慰與失落，然而，四十年來，任憑我曾經無數次地渴望再渴望，我未曾看見父親走入我夢中，也許，是怕我責問或怨懟得太深，也許，是怕我抱得太緊，也許，是怕我夢中相見，但夢醒又何堪！

雖然近幾年帶著殘痛不良於行的雙足，母親仍堅持同往父墳，堅持自己那不可替代的五百元，堅持一張不能少的紙錢，堅持不可太硬的牲果，母親每年清明節的堅持，都印記著一個女人對夫喪四十年無依的眷戀，然而太深的依戀，也只是悲苦的蔓延。

有時候，我甚至希望母親的心，能變得粗糙一點；母親的記憶，能變得模糊一點；母親的情愛，能變得淡薄一點；母親的堅持，能變得少一點，免得因為對父親太多太深的依戀而變得痛苦。

22. 失孝

「你固執，連一個安慰也不給我，你是我生的，我認了，但你的忤逆，讓我有時候都懷疑你是不是我生的，……不論如何，一定要記得，以後我走了，要好好照顧自己，不要辜負了我之後，也辜負了你自己的人生。」

「古人不見今時月，今月卻曾照古人」是的，月不論古今，人卻分今古。李白也曾是今人，今人已稱李白為古人；古人曾經是今人，今人也將是古人，惟獨古今一樣的月。

生命，因為有死亡而顯得可貴；人生，也因為有終點而顯出意義。沒有死亡就不能稱為生命，沒有終點也不叫人生。

人類，因為婚姻而得以世代延續；家，也因婚姻而代代相傳。婚姻，成就人類的征服，彌補了生命的有限，也因此，結婚生子，變成了尋常人生命中的必然。

然「人生苦短」、「人從一出生就帶有原罪」、「人的今生是來還前世的債」，這也是尋常人最常對人生的註解。不論繁華一世或草木一生，人生總是留著苦多於樂的喟嘆，即便如此，父母也總是催促子女早日成婚，完成傳宗接代的重責大任，代代在不斷的矛盾中延續著詠嘆的人生。

結不結婚，只不過是一種生活態度的選擇，和一種生命的領悟。

有些人，為婚姻而成為一輩子的奴役；有些人，選擇自由，試著讓自己有如風中飛沙般的自由，可以隨時散落於地，也可以隨時四散於天。

選擇，是一種基本的自由，自由，是一種基本的權利，但染著痛和淚的自由，是否意味著曾經的選擇，有了對錯的存在。

我曾經的選擇，染有母親的痛和淚，一份瀟灑的自由，背馱著母痛，二十年過去了，如今想來，無法從容的瀟灑，算不算瀟灑？沈重的自由，還算不算是自由？不斷的瀟灑，不斷的自由，也不斷的自問和懷疑。

退伍前，即與大哥二哥商談好，想去美國留學，亦獲允肯，二哥表示：「家裡沒錢，但已與大哥商議好，賣掉蘆筍園，大約有近七、八十萬，如果不夠，就先出去，其他再想辦法，以前只有大哥大嫂，現在有我和你二嫂幫忙，應不是問題，你不用擔心。」

詎料，母親一九九○年的那場大病，改變了一切，也改變了我的一生。

猶記得，剛過完農曆年春節，與母親聊起留學乙事，母顯不悅地敘說著：「當年叫你讀警大，你不依，只念了三天，你讀警大的同學已經工作三年了，你還在飄浮著，美國有多遠多好，我不知道，但我知道我的身體還有多少可以等待的日子，孩子中，你最受栽培，但也最自私，最不聽話，從小到大都一樣，大姊、二姊沒書念，你卻要念到美國去，子姪們不用吃飯、不用念書嗎？這麼小就這麼貪心，這麼野心，每個人都為你想，你替別人想過嗎？」

母親邊說邊縮著身子，以左手撫摸復健中的右手，捶捶不良於行的右腳，還要我幫她端杯水，拿個藥，最後要我扶她到外面曬曬久違的冬陽，再再暗示著她殘弱的身子。

我拿張小凳子坐靠一旁，靜聽多年來母親對我少有的數落，一種軟硬兼施的數落，最終，我降服了，母親那苦旦般的唱功，是我永遠穿不透的一道牆，那道牆，遮斷了留學路。

然而，也不是完全的降服，與母親約定以一年的時間準備國家考試，我會全力以赴，但母親也同意不會勉強我第二年。二十年前與母親的這個密約，改變了一生；留學，仍是一個未圓的夢。

一個夢碎了，另一個夢卻意外的圓了，很幸運地，我考上了律師高考。人生多半是這樣，失東隅，收桑榆，然，曾經一時的得失，未必是永遠的得失。

執業不久，母親即急著催婚，好像為你寫著人生的劇本，然，我猶豫了，陷入很深很深的猶豫。

「都快三十歲了，再不結婚，以後會父老子幼。」

「才工作沒兩年，等買了房子再結不晚。」

「人家是嫁給你，又不是嫁給房子。」

「阿母，妳吃米不知米價，沒有房子的我，就如沒有引擎的中古車一樣，只是一堆廢鐵，不會有女孩子要的。」

這是往後整整十五年催婚的起點，也是失孝的起點。

「聽說台北漂亮的女孩子很多，你到底有對象沒？怎麼都沒有半個影子？」

「哎，急什麼，心急沒好貨，急得不小心娶個過路搖的媳婦，您就慘了。」

「甭煩惱，你住台北，我住鄉下，你能當老婆，我就能當媳婦。」

某次回家時，剛停好車，母親即喚我上三樓拜拜，拈香膜拜時，母親對著祖先牌位禱唸著：「……老全（父名）啊，我們的小兒子回來看你，如你地下有知，你就要庇祐他早日成婚，我的身體漸漸差，不知是否有那個命看到我們的小兒子完成終身大事？你要保祐，不要讓我一個人苦等，讓我一個人受這種罪，這是我這生唯一未了的心願，你一定要幫忙，一定要保祐……。」淚眼泣訴著一個老母親的遺願，是求助，也是無助，我哽咽的立於一旁，不敢造次。

真聰明，竟把逝故的老父親請出來助陣，真服了母親。

每每看母親在祖先牌位前，向父親自怨自艾地泣訴，是我最難以承受的酸楚，我該如何？母親每次的出題，都讓我因束手無策而顯得心慌意亂，猶如學生望著空白的考卷，為破題，只好在母親出題前就先寫好答案，於是繁題簡答。往後每次回家第一件事，就是搶在母親開口前先上三樓拜好祖先，懇求父親助母親釋懷，也原諒我的自私。

「最近可有對象？上次跟你一起來的朋友，好幾個都長得不錯，還會牽我的手和我聊天，很得人緣。」

「阿母，上次來我們家的都結婚了，牽你手的那個和朱媽媽一樣，都已經五十歲了，您嘛幫幫忙。」

「XX的女兒，看了如何，聽說很單純，氣質不錯，你已不小了，又沒耐性，合緣就快結婚，不要浪費時間談戀愛了。」

「是不錯啦，但人家好像不是很喜歡我。」

「真的嗎？還是你自己亂講！」

「唉呀，阿母，都怪您啦，生太多了，最後就隨便生一生，把我生得比妹妹矮，比哥哥胖，又把我生得這麼醜，才會娶沒某。」

「亂講，你只是長得比較沒那麼高，也較壯一點而已，你很深緣，很耐看，女子重貌，男人重才。」

一旁的小姪女調皮地補了一句：「是啦，阿嬤，您真會講話，可以把矮胖講得那麼含蓄；三叔是很深緣也很耐看，只可惜，現在的女孩子都沒耐性。」

說完立刻招來母親狠瞪的白眼：「自己嫁得出去，才來說別人，白目！」

有一天，母親突然拿了三個香袋遞給我：「這一個是我們村廟的李王公求來的，放在公事包；這個是五港廟張王公求來的，放在衣櫃裡；另外這一個是我央你嬸嬸請算命先生按你生辰八字合算後求來的，放在枕頭下，三個都是姻緣袋，阿木表哥曾卜算，說你命中夫妻緣較淺，我求來幫你補補緣分。」

頓時，我愣住了，不敢多嘴，收下後點頭轉身離去，不敢直視母親一眼。

之後的五年，母親一年急過一年，一年比一年催得凶，無論三姑六婆推介，都催大哥趕緊連絡，心急至已臻「飢不擇食」的程度。

三十六歲的農曆年夜飯，沿例圍爐吃火鍋，一大桌的豐餚，全員到齊，準備開動時，母親咳了一大聲，大家驚覺不對，剎時安靜下來，母親怔忡的瞪著我：「都幾歲了？你到底結不結婚？」隨即放下筷子，逕自走到屋外，留下一桌的錯愕。我瞄了大家一眼，急跟母親走出去。

坐在簷下小凳上，母親叉手抱胸靠腿，一如早年的日子，兩眼望得好遠，想著一些我不敢去想的事，我不安地立於一旁，不知所措，幾度近靠彎腰欲言，但看母親不悅的怒色，竟擠不出半句話。

過了很久，忍不住開了口：「阿母，我們進去吃飯吧，菜都涼了。」很久都不見母應。

「阿母，外面冷，會感冒，我們進去吧！」仍不見母應。

我進去拿了件外套，作勢為母親穿上，母仍文風不應，微光下，依稀映著閃閃的淚光。

俟我正準備為母披上外衣時，母親突然起身轉入屋內：「若沒結婚，就算我死的時候，也不用你幫我穿衣。」連看也不看我一眼，門也關甩得很大聲。

獨自站在簷前的小花圃，風，很大很冷；心，很沈很亂，我該如何！

「阿母，快來吃飯，小孩子都吃飽了，剩我和您還沒吃，快來，我陪您一起吃。」我聽見二嫂邊收碗筷邊說著。

二哥走到母親跟前，拉起母親的手：「走，我們去吃飯，玫珍陪您吃，別理他，不聽話，等會兒我和大哥再替您好好訓他，猴死囝仔，敢惹您生氣，等一下我們不要拿他的紅包。」感謝二哥二嫂替我解危。

八點多，紅包秀登場，子姪們個個雀躍得快飛上了天，獨不見母親，二哥使個臉色，才知母親進房休息了，比平常作息早了些。

該不該進去？進去又該說些什麼？我有點猶豫，在房門口呆立了半晌，終於，輕推進房，輕喚兩聲，母未應，亦未睜眼，翻身側睡到另一邊，從她微濕的眼角，知道母親仍負氣假寐，沒再叫喚，彎腰將紅包置放床邊矮櫃上：「阿母，不要再氣了，今年……，今年我一定結婚。」

輕輕把門帶上，差點掉下淚，深深地吸口氣，門，關了；心，卻沒開過。

「都快中秋了，記得你過年承諾過的事。」

「記得記得，我會加油，緣分又不是東西，有錢就能買，如果能買，我一定買一大卡車回來孝敬您，現代男女未婚者到處都是，依政府的統計資料，現代人每三對夫妻就有一對離婚，未離婚的，有一半處於婚姻痛苦中，……」

不等我說完，即見母不悅：「你們讀律師的都讀到頭殼壞了是不是？就是愛辯，可以把道理講歪到太平洋也有錢賺，真厲害。怕拉屎就可以不用吃飯嗎？早知道，就讓你去美國當流浪漢，眼不見為淨……」

見母親越說越激動，立刻笑著拉高嗓門：「好啦，阿母，看您說得氣呼呼，過年又還沒到。」

「不小了，眨個眼就快四十了，就像鳥需築個巢，蜘蛛需結張網一樣，人，也需要成個家，我老了，依靠你們，你老了，靠誰？錢，是人人愛，但錢買不到一個家，也買不到幸福，而買不到幸福的錢，也只不過是一張紙罷了，事業重要，家更重要。」

母親的淚是我惹不起的，趕緊答非所問地支開話題，母親瞪了我一眼，逕向菜園緩步走去，望著她日益老邁佝僂的背影，我自然而沒目的地走向另一個方向。

又快春節了，曾經，每年最快樂的歸鄉路，如今，卻因為息母氣的一個承諾而變了調，遙遙漫漫，酸酸澀澀。

也曾動念出國散心，但逃避只會帶來更深的自責，逃出了今天，明天又如何？母親又如何？

很意外，那年春節母親竟異常平靜，想必是怕我這粒老鼠屎壞了全家人的新年氣氛吧！直到年初四返回台北的前一天晚餐，和所有子姪們一起快樂地談笑用餐，突然，母親從廚房拿出穿小孔的油炸杓，壓蓋在頭上叫我別動，口中念著：「灶神啊灶神，請幫忙給我小兒子今年結個好姻緣，娶好某，……好緣撥入來，歹緣撥出去，……」說完，摸摸我的頭，滿意地笑著。

看著母親突如非洲女巫般的怪舉，所有人初覺訝異，等一回神，都笑翻了，笑到噴飯。

回到三樓房間，邊整理行李邊想著母親怪異到不可思議的舉止，嘴角不自覺地揚起一抹無奈而感嘆的笑；也看著當年新屋落成時，母親堅持獨將我房間漆成粉紅色，備為新娘房，那柔和怪異的牆色，原來漆有一個老母親粉紅色的願望，如今，卻隨著歲月剝落在逆子的失孝中。

從此，每年春節都是煎熬，不得不回去面對的一種煎熬。

大哥二哥交遊廣闊，逢年過節時，親朋舊友紛紛來訪，加上街坊鄰居，只要我在場，最常聊談的就是：

「哎喲，長得一表人才，這麼有才情，職業這麼好，哪會還沒結婚呢？不知那家女兒有這個福份。」

「啊，還沒結婚，需不需幫你介紹一個，我姑姑有個親戚的女兒，在台北上班，三十幾歲，沒交過男明友。」

熟一點的，講得更入骨：

「還不結婚，我們牙齒都快磨光了。」

「等你的喜酒等那麼久，快啦，閉著眼就娶了，還挑什麼挑，結婚，有時候只是一種突來的衝動罷了。你還不結婚，我哪好意思娶細姨！」

「你老母逢人就淚說你未婚的事，快啦，全家族僅有你還未婚，不要讓你老母親再繼續煩惱下去。」

「前幾天買菜時遇見你老母，拉著我的手泣訴著你未婚的事，以前談到你，她老人家就眉開眼笑，最近提到你，就是淚濕沾襟，早點結婚，不要給她老人家的人生有遺憾。」

某些時候的某些話，都會不折不扣的刺向心臟，刺得你血肉模糊，體無完膚，刺得你變成百口莫辯的啞巴。

不意間，歲月已在身上爬過了四十個年頭，二十年來，曾經有過兩次的淺戀，留有些許歉疚的淺戀；也曾期待轟轟烈烈的愛一場，然，芸芸眾生中，從未遇上屬於我的那個人，也從未有過那一瞬的悸動和衝動，也許是心門未開，也許是天生的情淡愛薄，也或許是那屬於我情感的靈魂早已遭禁錮，牢困在遙不可及的深淵中。

柳非無情，等風來吹。

都已過了適婚的年紀了，母親的焦問和指責不減反增，時常想起母親說過的「男人有錢就年輕」的怪論，但也經典。

曾經，暗示著到訪的親友不准提起婚事；曾經，閉鎖在房間拒見訪客；也曾經，試著和母親單獨理性的溝通，但不論理由再多、再好、再充分，在母親聽來，都是逆道的廢話。每次的溝通，都是母親掛著淚而我懷著愧疚的結局，面對這個沒念過書的女判官，我永遠都是敗訴的律師，從未贏過。

母淚如牆，是我永永遠遠穿不透的一道牆；母淚成河，也是我永永遠遠跨不過的一條鴻溝。

三年前某一天，母親突然來電：「都四十幾歲了，和你好說歹說，爭執了快二十年，只差還沒跪下來求你，我與天下的母親都一樣，和孩子們的爭執，從來沒贏過，都八十歲了，還能奢望贏你嗎？也許母子間不必論輸贏，日子會好過些。前幾天夢見你老爸，他說過幾年就會來帶我走，我已經向你大哥二哥交待好，從我郵局帳戶中領出六十萬，下次回來，我會親手交給你，算是幫你完婚的聘金。你固執，連一個安慰也不給我，你是我生的，我認了，但你的忤逆，讓我有時候都懷疑你是不是我生的，然從你像我一樣固執堅持的個性，我知道我的懷疑是多餘，不論如何，一定要記得，以後我走了，要好好照顧自己，不要辜負了我之後，也辜負了你自己的人生。」母親異常平靜地敘說著。

「阿母，您……您能原諒我嗎？」我極盡壓抑地低聲問著。

「憨子，除了死心，阿母能有選擇的餘地嗎？十多年前，你老爸墓碑前的兩枚硬幣，我也知道是你放的，放心吧，改天黃泉路相逢時，我會告訴他，你老爸脾氣比我好，肚量比我大，不會有太多意見，倒是你，對他早逝丟下我們，也不要有太多意見，好了，我累了，身心，都累了，想休息了，再見。」

「嗯，阿母，再見。」

是的，我曾經是母親的榮耀；而今，卻成為母親的至痛。

曾自私地想：人生是我自己的，我有權利選擇自己的人生路，自己選擇也自己負責，母親是人生中最重要的一部分，但畢竟不是全部。

也曾想：母親如一個精緻的瓷碗，原可盛滿一個豐足圓滿的人生，自己是母親人生的一角，自己的逆道，竟讓母親成了缺角的瓷碗，不再精緻與圓滿，也無法盛滿一碗豐足無憾的人生。

失孝，成了自己永遠無法洗脫的罪名，縱使再多的孝行，說穿了，也只不過是一種自私的孝，所為的，只是讓自己在母親人生終點來臨的那一刻，減少一點愧疚感；也只是，不想讓後悔兩個字，在自己未來的人生中，如惡夢般地不斷糾纏著。

母親，請原諒我的自私；也請在我犯下失孝的滔天大罪後，賜給我赦免的寬典；您的苦，您的痛，和您的恩，容兒來世償，來世報。

23. 學步

然而，任何文過飾非的藉口，都只會讓自己更慚愧更汗顏罷了。清潔劑可以清除馬桶的污穢；心靈的立可白塗抹再多，也掩飾不了人格上曾經的污漬。

人生，如果可以重來，每個人就不會有悔恨；如果可以重來，每個人也都可以離經荒誕，人生之所以叫人生，就因為它不能重來，荒誕不經的代價就是永不止歇的悔恨。

不久前，在電視上看到一則新聞：有個七十幾歲，以拾荒維生的老嫗，和一個五十幾歲視障的低能兒子，兩人相依為命近五十年，老婦人白天推著破舊的小推車四處拾荒，晚上回家煮飯餵兒子，還得幫兒子盥洗鋪被，近來，老嫗經醫檢證實得了肺癌，記者採訪時問到：「阿嬤，以後有什麼打算？」老婦人沉默了很久，最後輕嘆緩答著：「都已經七十幾歲了，我老伴已先走了五十年，當年要不是為了這個小孩，我早就跟老伴一起走了，多活了五十年，我已無所求，唯一放不下的還是這個兒子，以他的狀況，我走了，也等同於宣告他死刑，……唉，不得已時，我會帶他一起走。」一旁的兒子猶渾不知地對著老婦人痴笑，令人鼻酸和動容。

俗云：「久病無孝子」，然「病子卻永遠有慈母」，每個人都曾是人子，也會是人父人母，一樣的天命循環，卻是兩樣的情境。

猶記得，母親當年在長庚進行開腦手術時，在醫院陪住一個月，除了定時餵食和講點家常瑣事慰母寬心外，別無他事。

術後一星期，母親脫離險境，生命無虞，卻漸覺自己就如囚鳥般地，被鎖在狹隘無聊的籠子裡，鎮日坐困愁城，想著出國、考試和玩樂……，總之，想著一些和母病無關的種種，終於在第三星期的假日，對著哥哥表示想回台北走走的意思，語氣中還隱透著不耐與抱怨。

村人都知道，那是一場母親生死交關的大病和大劫，病癒後人人稱羨母親好福氣，子女賢孝。然，僅僅三星期的光景，且是由二姊打理術後病榻中的一切，我只是打雜相陪在側而已，母親尚未久病，自己卻已顯出不耐和抱怨，又如何配稱賢孝之名，說穿了，自己不過是徒沾美名的失孝子罷了。

這件事我縈記且自慚了二十年，嘗試著以「年紀輕」等種種理由為自己找藉口，然而任何文過飾非的藉口，都只會讓自己更慚愧更汗顏罷了。清潔劑可以清除馬桶的污穢；心靈的立可白塗抹再多，也掩飾不了人格上曾經的污漬，坦然面對曾經的不該，和自省彌補曾經的不是，是唯一的良方，我坦承當年自己曾經的不該與不是。

二〇〇九年八月，母親膝關節開刀，手術，交給了醫師，復健，就交給大哥二哥，我呢？除了病榻中兩次探視外，我做過什麼？儘管每個人都能寬容和體諒，然本該屬於自己與母親間應得和應盡的那一份，歲月顯然已不再有更多的體諒和寬容，這段日子以來，我不斷地自責自問著。

兄弟姊妹中，我是最寵命優渥的一個，卻也是錯過最多的一個，在母親最需要照顧的時候，自己始終只能可有可無的存在著，即使常利用非假日回去相陪，卻也始終僅在她生活的邊緣，如蜻蜓點水般地盤旋游移著。

嘗想，如果我是母親，是否曾後悔著四十六年前「恐怖角」那一次的回頭？

每次回家，看見大哥二哥坐倚床沿，為母壓腿、屈腿及按腳掌拉筋復健，每個動作重複五次，每次十秒，每日至少四次，每次的每個按壓，母親均需忍著疼痛，大哥執行時，母親的每一聲痛都會令大哥縮手安慰；二哥執行時，母親的每一聲痛都會讓二哥再加壓么喝著，猶如大兵管小兵一般，沒有還價的餘地。

嚴厲與寬容，都是一種慈悲，只是一樣心兩樣情罷了。

白天，當母親手撐四腳助行架學步復健時，我相陪在側，以手輕偎母親的左手臂，看著母親纏裹紗布且仍顯腫脹的左腳，舉步維艱的緩跨著每一小步，彷如嬰兒學步般的蹣跚微晃，走幾步，就得耗上很長的時間，我亦步亦趨地盯隨一旁，一步一步地鼓勵著、教導著，不敢分神，在庭院中的小徑上不斷的來回練習著，沒有大哥的寬容，亦無二哥的嚴厲，只是主動地問著母親，痛不痛？累不累？要不要休息？母親總是說不累不痛，勤勞地來回不斷的練習著，因為我深明，母親和我一樣，有著倔強好勝的個性。

每每看到母親忍痛吃力的表情，總令人不捨，小時候，母親也是如此地牽我來回一步一步的學步吧！想起二十年前，長庚醫院裡的不耐，我內疚而耐心地補過，試著彌補自己那人格上曾經的瑕疵，和行為上的過錯。

人總是這樣，快來不及的時候才明白，快不需要的時候才會大方，失去了才會珍惜，在一片推讓中才會無私和慷慨，我曾是這樣差點錯過一切的人，衷心的祝禱，祝禱著母親每一步都健康，每一步都能踩碎我那曾經瑕疵與污穢的人格。

24. 無依・相依

細數著母親一生的歲月，父逝後的孤苦無依，而後數十年與兄嫂們相依，如今八十四歲了，對大哥猶如三歲小孩的依賴，一種生死相許的依賴。在母親的生命裡，大哥是希望的火種，是燃燒的光亮，也是她年邁取暖和永不熄滅的餘燼。

人生路，無依，最是苦。

每個人的一生，就宛如一本書，不論厚薄輕重、酸苦甘甜、精緻或粗糙，任憑添載，也任由揮灑。

翻閱細數母親的一生，頁頁是淚，章章是苦。

十八歲喜嫁良人，良人家貧，然貧苦相依，也是一種幸福，無奈良人命短，母親命薄，夫喪無依，徒留的只是片瓦寸房，薄田厚債，六個待撫待哺的子女，以及一連串不堪言苦的未來。

都已寫了幾萬字，尤其是小學畢業前，除了焢蕃薯窯和偷摘芭樂的童趣外，任憑自己如何的細思苦想，竟擠不出任何與母親間感動的快樂或幸福，彷彿那是段遺世的歲月，曾問過各差三歲的妹妹和二哥，試著補足記憶中可能遺漏的甘苦和酸甜，妹妹總是搖搖頭，二哥只是索性回著：「笨一點，就快樂；遺忘了，就幸福。你從小就笨，應是快樂和幸福的，怎麼現在才想學聰明。」這算是哪門子的回答，是比較像尼采的思想或哲學嗎？

或許，二哥的人生態度是對的，人，不能老是回首在苦難中。過度的迷戀厚厚的屋頂，終將失去浩浩的繁星，然而，偶爾在快樂中細數歲月裡曾經的苦難，不也是另一種幸福嗎？

母親於父逝後，田，一個人種；債，一個人背；淚，一個人流；苦痛，也只能一個人默默地承受，過著很長一段無助也無依的生活。

直到大哥屏師畢業，再由恆春的國小調回家鄉教書的那一年起，母親才稍得喘息，但教師俸祿微薄，加上家中原即高築的債台，日子仍相當拮据。

猶記得，小一、小二整整兩年，赤腳上學，沒書包，沒制服，也經常沒鉛筆和橡皮擦，但因為和堂姊、堂弟及很多同學都一樣，所以沒介意，也不覺害羞，每天只是無厘頭地走路到學校，玩一天，又無厘頭地走路回家，後來小六的二哥不知哪裡弄來了鉛筆，令我十分興奮，非常認真地塗鴨習字。

印象中，二哥總是有辦法，借東西可以不用還，打人還讓人家道歉，打群架或抽菸被逮，也不必記過或退學，最扯的是，高中時還把男女教官及同學邀請到家中過夜打排球，每每追問他的生活及生存法則，他總是故作神秘，得意地笑而不答，或許，是怕我學他吧！只差三歲，但他就是有某種你無可預知的生存本事和能耐。

小三那年，大哥載我到麥寮街上買了一雙「中國強」的布鞋和一套卡其布制服，那是第一次擁有全新的鞋服，第一次可以沒有補丁的上學，興奮了很多天，連睡覺都捨不得脫下，猶如飛上枝頭的麻雀，自詡如鳳凰般的跳躍著。

大哥回鄉後，雖然日子依然左支右絀，依然斤斤計較，然家計確實稍見改善，至少每餐的地瓜簽都可見些許的白米相佐成粥成飯，至少餐桌上偶爾會多條魚或多個煎蛋，至少上學有制服和鞋襪，也至少不必再用口水替代橡皮擦，母親也不必再讓豆腐乳完整無缺。

早年，母親與父親貧苦相依；之後，夫喪孤苦無依；而後，與大哥母子相依，雖只是一份薄俸，但卻是一份全家大小不可或缺的安定力量；至今，已整整三十五年，一路相依相隨，不離不棄。

毫無諱言，我曾多次假設性地暗想：如果母親當年離家、改嫁或自殺；如果大哥當年以任何小藉口不調回來或真的調不回來，逕自他鄉成家，這個家將會是如何？母親、二哥、妹妹和我又將各是如何？妹妹應是國小畢業後，找家工廠當個作業員或小女工，而後草草嫁人，人生隨緣隨命。二哥應是個不折不扣的大流氓或漂白過的大老闆。我呢？應是跟在二哥旁邊的小混混，也可能是較為踏實的小農夫。母親呢？好一點的話，還是個貧農寡婦，慘一點的話，幾分薄田早已讓我和二哥敗光，只是個每天到處拾荒維生的獨居老人，子女偶爾的探望，變成了生活中的奢望。

數十年都過去了，對照現今的一切，每個人都可能會認為我的假設是天方夜譚，是不可能發生的神話！是嗎？如果不把結果當必然，如果大哥當年有絲毫的自私，任何不是理由的藉口，都將是冠冕堂皇的理由，一般人又如何知悉三十五年前教師跨縣市轉調的困難呢！

當所有人都竭盡所能的想逃離這片土地時，大哥卻在遠離後又千方百計地想回到這片土地，回到這個家，如果不是愚蠢，那就只有「雍容大懷」四個字適足以形容，依個人的看法，大哥調回來，才是社會普相中的天方夜譚與神話，也不是歌功頌德，僅僅是從弟妹的角度勾繪一個數十年前曾經的難能可貴。

四年前，接到大哥捎來一封家書，信中滿滿是母親的近況：「……母親近來身體常感酸痛不適，頭微暈漲，行動稍緩，……經醫檢出血液過濃，血壓偏高，膝蓋鈣化，然而母堅不肯開刀換人工關節，服藥後已稍見改善，……勿念。」二十幾年來，與大哥偶有書信往來，每次來信都款款敘說著老母親的近況，好像僕人向主子報告著老人家生活上的點滴，每一封信都令我慚愧和潸然。

兩年多前的某晚，陪母親一起看電視，近九點時，母親屢屢望向門外，神情略顯不安。

「阿母，您在看什麼，該上床休息了。」我疑問著母親。

母親再次倚望著門外：「你大哥去安心老師家作客，到現在還沒回來，這幾年來，他每晚睡前都幫我量血壓，有事晚歸也會交待，不曾遺漏，都快九點了，怎麼還沒回來，也沒電話，他怎麼會忘了……。」母親語氣若有所失。

「哦，我以為什麼事，來，我幫您量。」我聽完放心地回應著。

「你會量嗎？」母親邊疑問邊打開抽屜，拿出電子血壓計。

「阿母，我已經四十幾歲了，您實在太過於大小心了，一樣是您生的，大哥叫萬能，二哥叫能萬，我就叫萬萬不能了嗎？差太多了吧，也只不過是量個血壓而已……。」我拉高音量，邊抗議邊為母親套上束帶。

「不對，等一下，你大哥說要拿東西把手墊高，才量得準。」我正準備按扭時，母親邊拿面紙墊手邊糾正著。

「一百二十六和七十八，高低都算標準，心跳六十八，也標準，控制得不錯。」我鬆開束帶，準備收起。

「不行，還得再量一次，你大哥說電子量的較不準，要量兩次平均才可以。」

母親以專家的口吻指揮著我。

「哦，是哦，如果大哥說要量十次或一百次比較準，那不就要量到明天了。」

我揶揄著母親，邊拿紙筆記錄著。

「兩次差一點點而已，正常啦。」

「還有右手。」我正又準備收起血壓計時，母親突然說道，我張嘴瞠目的訝異著。

「你大哥說我的腦動過手術，要兩手都量才更準，更放心。」母親猶如傳述著皇上聖旨般地解說著。

「你大哥每天都有記錄，薄子在電視旁的櫃子裡，有好幾本，你找一下，我去睡了，你也早點休息。」母親量完緩走回房時，仍不忘再叮囑著。

拿出端置在櫃角的三本小冊子，封面宛如小學生的習字簿，每本十二頁，都是電腦列印後裝訂好的，每頁都是井然有序的格子，和滿滿記錄的數字，一月一頁，最左一欄為日期，最上一列分為左手、右手、心跳及備註欄，備註欄大都空白，偶有註記著「寒流」、「天冷」、「感冒吃藥」、「看牙醫」、「沒睡好」、「沒午睡」、「心情不好？」等附註，只要收縮壓超過一百三十五，大哥都會在備註欄載明原因，如原因不明，還會以「？」揣測是否為心理或其他因素影響血壓。

我翻閱了幾年來的記錄，每本小冊子都可以看到一個人在小事上的細心、用心和恆心，細心得令人五體投地，也領悟到母親何以獨對大哥如此的依賴和信賴。

呆立了很久很久，任由慚愧的淚佔滿了視線……，滑落在小冊子上。

由於母親牙齒不好，幾乎是滿口假牙，無法咀嚼硬食，就連一般的蔬果都顯費工吃力，因此炒菜時都得先起鍋後，再留一些炒熟一點，水果就打汁代替，哥哥每天都會在上班前或下班後為她打一大杯果汁。

記得某日下午四時許，母親表示午餐胃口不好，有點餓，我即刻表示為她打杯果汁，母親表示：「你會打嗎？」我很訝異，皺著眉頭回道：「除了生小孩外，我有什麼不會的。」母親猶豫了一下：「你大哥快下課了，等他回來再弄就好了。」大哥在校忙了一天，我在家整天賦閒，卻還要等大哥回來，真沒道理，不理會母親的遲疑，我逕自打了兩杯水梨汁，與母親併坐花圃前，用一杯果汁滿足彼此，享受著午後溫煦的暖陽。

我都幾歲了，母親還質疑我會不會量血壓和打果汁，是否母親對我依然停留在小時候笨拙的印象？還是以為出生時的那場怪病真的燒壞了我的頭殼？同樣的血壓計，同樣的果汁機，也同樣的水果，我量的就會失真失準嗎？我打的果汁就會少一味嗎？非也，與其說是對我的質疑，不如說是對大哥的信賴和依賴，一種根深到無法從生活中抽離的依賴。

對母親而言，沒有大哥親手量的血壓計，永遠失準；沒有大哥親手打的果汁，永遠走味。

細數著母親一生的歲月，父逝後的孤苦無依，而後數十年與兄嫂們相依，如今八十四歲了，對大哥猶如三歲小孩的依賴，一種生死相許的依賴。

在母親的生命裡，大哥是希望的火種，是燃燒的光亮，也是她年邁取暖和永不熄滅的餘燼。

25. 預約

俗云：畫水，水不乾；繡花，花不凋。然，畫水不興浪，繡花也不聞香。人生，不是畫中水，亦非繡裡花，不乾不凋非人生，而人生最美的花朵是在困頓中開出的花朵。

筆，走到這裡，該如何形容母親這樣一個女人？

溫柔、賢淑、美麗又大方，這是一般人對母親的歌頌，也是普天下母親應得的禮讚，只可惜，我必須坦誠，母親氣大性急，倔強又固執，一點都稱不上溫柔賢淑；不懂衣著和妝點，生活上經常連一根蔥和一粒米都計較，因而也稱不上美麗和大方。

「敢於為別人付出一切，才是值得的人生。」愛因斯坦曾經為生命如此的註解。母親並沒有那麼偉大的大愛，只是為圓一個窮困的家，付出了青春，付出了健康，也付出了幸福和自尊，……除了靈肉，付出了女人所能付出的一切。

母親的一生，很長的一段歲月，生活，總離不開那畝田和那片海；而心，因夫喪而跌落在悲痛的深淵，也因窮困而困鎖在絕望的黑無裡。空洞的漂泊，曾是母親心靈唯一的歸宿。

國中以前，總覺得，母親管教我們，專制而嚴厲，宛如流氓大哥管小弟，一個咳嗽或一個眼神，你就得知進退。在內，家事和農忙，限時定量，務必完成；在外，不得逾矩，惹人閒話，否則就是一頓嚴厲的痛罵。

而「不能讓人侵門踏戶」，那是母親家規中一道萬萬不得逾越的紅線，否則就是凶狠的痛打，不問是非，也不論對錯，邊打邊向人賠罪，最終，總是在一頓痛打後，母親再用她的眼淚為我們洗滌傷痛，曾經無數次，我倔強難以甘服的心，總是熔化在母淚中。

當年，也曾經，暗自挑剔著母親的不講理，生活上總是躲不出窮人的卑微，也躲不出父親的死，如今，終於領悟，某些時候，母親是用孩子身上的痛打捍衛門風的尊嚴，再用她的淚慰撫我們的傷痛，而後成全一個家。

長大後，每次對母親的想念，都是從責罵、痛打和那張淚臉開始，整整花了四十年，才揭開母親內心最深的那層紗，去辨識真正的好女人與壞女人，並體悟一個曾經的壞女人的好與純善；對我們而言，母親的嚴格，是眼淚換來的另一種慈悲。

除了嚴格的慈悲，堅持和篤定，也是母親的另一個人格特質。早年，對醫生和鄰里都苦勸放棄的孩子，母親有一份獨排眾議的堅持；而每年清明，母親對那一張不能少的冥紙，也是一份讓人不忍多勸的篤定和堅持，更是母親影響我一生的人格特質。

常認為，母淚如牆也如河，我逃不出也越不過，在她的法庭裡，我永遠是敗訴的律師。然，母親也曾說，我是她的至痛和最愛，某些時候某些事，我總令她痛到不想愛，也常令她愛到不知痛，我的失孝，讓她只是一個無計可施的母親，一個從沒贏過孩子的母親。

母親，希望我們母子間，只有值得，沒有輸贏。

母親，已高齡八十四了，對任何人而言，都已近遲暮人生的盡頭，宛如最後發出的末班車，每節車廂掛滿了一生的血淚、哀愁和喜樂；也掛滿了生活中的苦雨和春風，簡單而平凡的草木人生。

俗云：畫水，水不乾；繡花，花不凋。然，畫水不興浪，繡花也不聞香。人生，不是畫中水，亦非繡裡花，不乾不凋非人生，而人生最美的花朵是在困頓中開出的花朵。母親的一生，已來到了殘燭的盡頭，即將乾涸與凋零，縱使一路的崎嶇和坎坷，卻也隱透著浪花花香之美。

盡頭，不是終點，只是另一個起站；母親，如果真有來世，可否今生，就讓我們預約一個來世的情緣吧！

文學坊 01

兩滴刺青——母親與我

金塊文化

作　　者：陳金漢
發 行 人：王志強
總 編 輯：余素珠
美術編輯：JOHN平面設計工作室

出 版 社：金塊文化事業有限公司
地　　址：台北縣新莊市立信三街35巷2號12樓
電　　話：02-2276-8940
傳　　真：02-2276-3425
E-mail：nuggetsculture@yahoo.com.tw

劃撥帳號：50138199
戶　　名：金塊文化事業有限公司

總 經 銷：商流文化事業有限公司
電　　話：02-2228-8841
印　　刷：群鋒印刷
初版一刷：2010年6月
定　　價：新台幣200元

ISBN：978-986-85988-4-3

如有缺頁或破損，請寄回更換

團體訂購另有優待，請電洽或傳真

國家圖書館出版品預行編目資料

兩滴刺青：母親與我 / 陳金漢作——初版. ——
臺北縣新莊市：金塊文化，2010. 06
面； 公分（文學坊：1）
ISBN 978-986-85988-4-3（平裝）
1.林禮　2. 台灣傳記

783.3886　　99009599

金塊文化